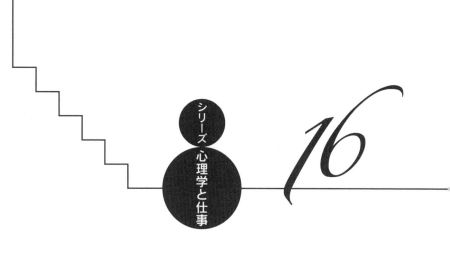

シリーズ 心理学と仕事 16

司法・犯罪心理学

太田信夫 監修
桐生正幸 編集

北大路書房

主に活かせる分野／凡例

 医療・保健

 福祉・介護

 教育・健康・スポーツ

 司法・矯正

 産業・労働・製造

 サービス・販売・事務

 IT・エンジニア

 研究・開発・クリエイティブ

 建築・土木・環境

監修のことば

> いきなりクエスチョンですが，心理学では学会という組織は，いくつくらいあると思いますか？
> 　　　　　　10？　20？　30？　50？
> 　　　　　　　　　　　　　　　　　　　　（答 ii ページ右下）

　答を知って驚いた方は多いのではないでしょうか。そうなんです。心理学にはそんなにもたくさんの領域があるのです。心理学以外の他の学問との境界線上にある学会を加えると100を超えるのではないかと思います。

　心理学にこのように多くの領域があるということは，心理学は多様性と必要性に富む学問である証です。これは，心理学と実社会での仕事との接点も多種多様にさまざまであることを意味します。

　折しも心理学界の長年の夢であった国家資格が「公認心理師」として定められ，2017年より施行されます。この資格を取得すれば，誰もが「こころのケア」を専門とする仕事に従事することが可能になります。心理学の重要性や社会的貢献がますます世間に認められ，大変喜ばしい限りです。

　しかし心理学を活かした仕事は，心のケア以外にもたくさんあります。私たちは，この際，心理学と仕事との関係について全体的な視点より，整理整頓して検討してみる必要があるでしょう。

　本シリーズ『心理学と仕事』全20巻は，現代の心理学とそれを活かす，あるいは活かす可能性のある仕事との関係について，各領域において検討し考察する内容からなっています。心理学では何が問題とされ，どのように研究され，そこでの知見はどのように仕事に活かされているのか，実際に仕事をされている「現場の声」も交えながら各巻は構成されています。

　心理学に興味をもちこれからそちらへ進もうとする高校生，現在勉強中の大学生，心理学の知識を活かした仕事を希望する社会人などすべての人々にとって，本シリーズはきっと役立つと確信します。また進路指導や就職指導をしておられる高校・専門学校・大学などの先生方，心理学教育に携わっておられる先生方，現に心理学関係の仕事にすでについておられる方々にとっても，学問と仕事に関する本書は，座右の書になることを期待していま

す。また学校ではテキストや参考書として使用していただければ幸いです。

下図は本シリーズの各巻の「基礎－応用」軸における位置づけを概観したものです。また心理学の仕事を大きく分けて,「ひとづくり」「ものづくり」「社会・生活づくり」とした場合の,主に「活かせる仕事分野」のアイコン(各巻の各章の初めに記載)も表示しました。

なお,本シリーズの刊行を時宜を得た企画としてお引き受けいただいた北大路書房に衷心より感謝申し上げます。そして編集の労をおとりいただいた奥野浩之様,安井理紗様を中心とする多くの方々に御礼を申し上げます。また企画の段階では,生駒忍氏の支援をいただき,感謝申し上げます。

最後になりましたが,本書の企画に対して,ご賛同いただいた各巻の編者の先生方,そしてご執筆いただいた300人以上の先生方に衷心より謝意を表する次第です。

監修者
太田信夫

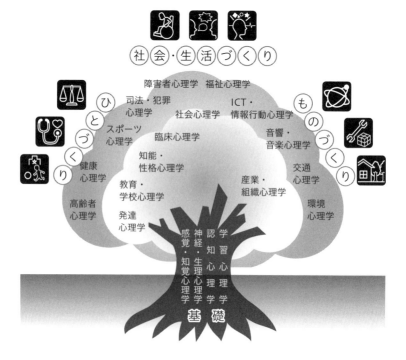

(答 50)

はじめに

　1876年，イタリアの監獄医であり実証主義的犯罪学の父とよばれるロンブローゾ（Lombroso, C.）が，生物学的な発想による「生来性犯罪者」説を主張した著書『犯罪人論』を出版しました。この「生来性犯罪者」説とは，犯罪者は生まれながらして犯罪者になりうる，といった，大胆な仮説でした。ロンブローゾは，当時の科学的知見に基づきデータを集め，帰納的に命題を導こうとする方法で得られた「人相学」（耳，鼻，目などの距離と，犯罪行動を行う者との関係を検討）や，「骨相学」（頭蓋骨の形状と犯罪行動との関係を検討）をもとに調査を行いました。そして，男子犯罪者の解剖学的調査，現存の犯罪者の身体測定，兵士と精神疾患者の身体的，精神的特徴などを調査し，犯罪者の先天的な特徴を指摘したのです。今では到底考えられないこの仮説は，当時の学界や一般社会に大きな影響を与えました。しかしながら，その後，イギリスの監獄医ゴーリング（Goring, C. B.）による追試では，両者の間に身体的特徴の差は認められず，「生来性犯罪者」は否定されることになります。ロンブローゾの調査には，方法論上の多くの欠点が，今では指摘されています。

　さて，ロンブローゾの『犯罪学』が出版された1876年から3年後，1879年にライプツィッヒ大学のヴント（Wundt, W. M.）が世界初の心理学ゼミナールを開設します。その後，科学的方法論に基づく心理学研究が世界中に広がり，さまざまな分野や対象に関する研究成果が生み出されていきます。そして，犯罪事象もまた研究対象として取り扱われることになります。当初の研究の領域として，知能と犯罪，性格と犯罪，精神分析学的アプローチ，の3つに大別され，いずれも犯罪原因論に関する研究でした。

　1888年8月～11月，イギリスにて連続女性殺害事件（切り裂きジャック事件）が発生します。この事件に対し，法医学者のボンド（Bond, T.）が犯人の属性や精神状態を推定し，ロンドン警視庁に報告書を提出しました。この事件推定は，当時の犯罪学や心理学の知見を加味した，今でいうところの「犯罪者プロファイリング」ということができます。事件は未解決ですが，このような手法は，以後の犯罪捜査に対し少なからず影響を与えたといわれています。

このような時代背景から，「司法・犯罪心理学」が生まれました。そして，他の学問分野と比較すれば，まだまだ日の浅い始まったばかりの学問なのだということを，ご理解いただけると思います。

　本書では，まだ生まれたばかりの「司法・犯罪心理学」が明らかにしている基本的な内容と，その知見を応用し犯罪に関わる仕事や社会について，わかりやすく記述しています。

　第1章では，「司法・犯罪心理学」の定義や理論，研究と実務，学生の学びについて説明しています。そして，関連する各組織における具体的な仕事と研究知見を，第2章から第4章にて解説しています。第5章では，皆さんの身近な生活場面における「司法・犯罪心理学」の活用である防犯について，第6章では具体的な犯罪について，それぞれ説明しています。また，「現場の声」では，幅広い業種の方々から，それぞれが携わる仕事と「司法・犯罪心理学」との関連を，経験に基づき興味深く執筆していただいています。

　このシリーズは，仕事や社会との関わりをテーマにしており，本書もまた，可能な限り基本と応用との両面から「司法・犯罪心理学」をとらえ，わかりやすく編集しています。また，国家資格である「公認心理師」取得の際にも，幅広い視点から学べるよう章立てを工夫しています。

　これまで，多くの「司法・犯罪心理学」に関する書籍が出版されてきました。それら書籍の多くは，執筆者の専門性を中心とした学術書的色彩の強いものが多いのですが，本書は，それら専門書に取り掛かる前の索引的な役割も担っています。

　数多い心理学の領域の中でも，「司法・犯罪心理学」は特に注目される領域となっています。本書をスタートとして，社会とのつながりを意識しながら，地に足のついた学習を実践してみてください。

編　者
桐生正幸

目　次

監修のことば　i
はじめに　iii

第1章　司法・犯罪心理学へのいざない　1

1節　司法・犯罪心理学とは　1
2節　実務場面と研究　3
3節　司法・犯罪心理学の行動モデル　7
4節　学生による学び　9
5節　司法・犯罪心理学のこれからについて　11

- 現場の声1　現場鑑識：科学捜査研究所の思い出①　……………… 13
- 現場の声2　犯罪者プロファイリング：科学捜査研究所の思い出②　…… 16

第2章　犯罪捜査における司法・犯罪心理学　19

1節　犯罪者プロファイリング：開発の背景と理論，そして日本における実践　19
2節　目撃証言，捜査面接法：実験とエビデンス　27

- 現場の声3　ポリグラフ検査：記憶を検出する質問法　……………… 35

第3章　鑑別／裁判における司法・犯罪心理学　39

1節　少年鑑別所：鑑別とは　39
2節　裁判所：裁判員制度と量刑判断　48

- 現場の声4　精神科医療現場での心理技術職：触法精神障害者への心理的関わり　……………… 59
- 現場の声5　DVにおける加害者更生　……………… 61

第4章　刑事施設／少年院における司法・犯罪心理学　63

1節　矯正：刑事施設／少年院における心理学　63
2節　認知行動療法，更生プログラム　71

- 現場の声6　刑務所における笑いと犯罪心理：緊張と緩和　……………… 81
- 現場の声7　刑務所：成人へのアプローチ　……………… 83

第5章　地域防犯活動における司法・犯罪心理学　85

1節　防犯研究：犯罪予防理論　85
2節　日本における防犯活動　87

3節　情報提供サービスを用いた前兆事案の研究　90
　4節　地域ボランティアの意識についての研究　92

　● 現場の声 8　行政における防犯への取り組み　……………………… 95
　● 現場の声 9　保険金詐欺対策における犯罪心理学の活用　……………… 98

第6章　犯罪の実態　103

　1節　現代の凶悪犯罪　103
　2節　日常に潜む犯罪：窃盗，特殊詐欺など　111

　● 現場の声 10　凶悪犯罪に挑む捜査心理学　……………………………… 125
　● 現場の声 11　マス・メディアの現場からみた犯罪心理学　……………… 128
　● 現場の声 12　情報教育からみた犯罪心理学　…………………………… 131

　付録　さらに勉強するための推薦図書　133
　文献　138
　人名索引　147
　事項索引　149

第1章

司法・犯罪心理学へのいざない

活かせる分野

1節　司法・犯罪心理学とは

　少年に暴行した男性が警察に捕まり，彼の自宅を捜索したところ，人体の一部と思われる肉片が冷蔵庫から数個発見され，世の中が大騒ぎになったとします。警察の取調べにより，この男性は3名の少年を殺害し，それぞれの遺体をバラバラにして山中に埋めたこと，遺体の一部を戦利品として冷蔵庫に保管したこと，が明らかになりました。また，マスメディアの取材により，中学，高校と真面目であり目立たない生徒であったこと，職場では特に変わったところがなかったが，ときおり怒り出すことがあったことなどが報道されました。

　このとき皆さんは，犯人は，なぜそんな残虐なことをしたのか，といった彼の動機や心理状態に興味を持ち，その疑問を明らかにしてくれるのが「司法・犯罪心理学」だと考えるでしょう。

　しかし，現在の司法・犯罪心理学の研究成果は，残念ながらそのような事件に対し明確な解答を持ち得てはいないのです。たぶん，司法・犯罪心理学以外の学問であっても，同じように答えを見つけてはいません。

　そもそも，司法・犯罪心理学の母体となる「心理学」が多くの現象を説明してはいるものの，根本となる発現メカニズムや原因を答えられるほどの力を，まだ完全に有してはいません。人の「心」とは，ま

だまだ未知の研究領域なのだといえます。

　では，司法・犯罪心理学は何をどこまで実践・研究している学問なのでしょうか。本書の目的は，そのことを知るために各章が構成されていますが，ここでは基本的な柱となる部分をお伝えしたいと思います。

　まず，司法・犯罪心理学の定義です。

　当初，司法・犯罪心理学は精神医学の影響が強かったことから，犯罪の原因を探求する学問として狭義の定義がなされていました。その後，犯罪事象に関わる心理学の役割が増え，「司法手続きが直面する問題に心理学的知識や方法を適用する学である」(Bull, Cooke, Hatcher, Woodhams, Bilby & Grant, 2006) と広義に定義されることが一般的になっています。加えて，具体的な業務として，①臨床的判断による査定，②心理学による実験，③統計手法を用いた数理，④検察や弁護士への助言，を行う学問と考えられています (Bull et al., 2006)。

　それを踏まえ，大学などでは司法・犯罪心理学の講義内容を定めています。たとえば現在，筆者が大学にて講義している15回の授業シラバスを例としてあげてみます（図1-1）。

　司法・犯罪心理学の講義では，かなり広い範囲で複数の視点から授業が行われていることがわかるかと思います。

```
 1  司法・犯罪心理学とは：法律と心理学の基礎知識①（様々な法律と機関）
 2  司法・犯罪心理学とは：法律と心理学の基礎知識②（犯罪と職種）
 3  犯罪学史①：ロンブローゾと犯罪生物学
 4  犯罪学史②：デュルケムと犯罪社会学
 5  犯罪学史③：精神医学と臨床心理学
 6  実際の犯罪①：窃盗，殺人，暴力犯罪など
 7  実際の犯罪②：性的犯罪，ストーカーなど
 8  犯罪捜査における活用①：基礎と応用：ポリグラフ検査
 9  犯罪捜査における活用②：犯罪者プロファイリング，面接取調べ技法
10  裁判における司法・犯罪心理学①：目撃証言分析，心理学による意見書
11  裁判における司法・犯罪心理学②：供述分析，量刑判断
12  鑑別における司法・犯罪心理学①：少年非行と鑑別，情状鑑定
13  矯正における司法・犯罪心理学②：刑務所，更生，加害者・被害者支援
14  家事事件，犯罪予防，地域防犯
15  関連学問からのアプローチとまとめ
```

▲図1-1　司法・犯罪心理学の講義シラバス例

まず，第1回，第2回では，犯罪と心理学に関する基礎を学びます。犯罪とは，あらかじめ法律によって定められた行為であり，刑罰を加える必要があると判断された行為です。すなわち，「法律無ければ犯罪も刑罰も無し」とし，この原則は罪刑法定主義とよばれています。司法・犯罪心理学が扱う実社会の現象は，原則的に法律に基づいたものだといえます。次に，司法・犯罪心理学の上位的学問である犯罪学の歴史をなぞりながら，第3回から第5回で，特に犯罪原因論の基本的な考え方を知っていただきます。犯罪学とは，犯罪の実態を分析し，その特徴を正確に把握する「犯罪現象論」，生物学，社会学，心理学などの隣接科学の知見を応用し，犯罪の原因を探求する「犯罪原因論」，犯罪現象や犯罪の原因を体系的，統一的に説明するため理論を構築する「犯罪学理論」にて構成されています。この犯罪学の理論や方法を学ぶことが，司法・犯罪心理学の背景を知るうえでは，とても大切なことだといえます。

　次に，第6回，第7回において，犯罪の実際について学びます。一口に犯罪といっても，その形態も動機，犯人像も個々に異なりますので，それぞれの特質を知ることを目的とします。

　第8回，第9回は犯罪捜査場面にて活用されている手法を，第10回，第11回では，裁判において応用されている研究成果などを，それぞれ学びます。また第12回，第13回では，少年鑑別所，少年院，刑務所などの実務について知ってもらいます。第14回では，少年犯罪などを未然に防ぐための加害者側へのアプローチや，地域住民による防犯活動などを学び，最後に関連する学問領域からの新たな研究成果を学びます。

　以上，司法・犯罪心理学が何をどこまで実践・研究している学問なのか，その概観をご紹介しました。そこで次に，司法・犯罪心理学の具体的な実務場面と研究について触れてみたいと思います。

2節　実務場面と研究

　まず，現在の日本において司法・犯罪心理学が，犯罪事象にどのように関わっているのかをみてみます。図1-2に，犯罪が発生してから，捜査・取調べ，起訴・公判，刑罰・矯正といった一連の流れと，関連

機関や主な業務を記してみました（桐生，2019）。

　犯罪が発生すると警察の捜査が始まります。この時期に警察署より依頼を受けた科学捜査研究所の心理研究者が，「犯罪者プロファイリング」や「ポリグラフ検査」を実施します。裁判においては，大学の心理学者や科学警察研究所の心理研究者によって，「ポリグラフ検査」の結果報告書や，目撃証言や供述に関する心理学的分析の意見書が提出されています。少年事件においては，家庭裁判所調査官が非行に至った動機や生育歴，生活環境等を調査した処遇意見，いわゆる「情状鑑定」を，また身柄付の場合は，少年鑑別所での鑑別結果などが処遇意見として提出されます。刑務所では，鑑別のような調査や矯正処遇が行われ，再犯防止の視点から，たとえば「性犯罪者処遇プログラム」などが導入され実施されています。少年院では，少年の資質鑑別，矯正教育にて法務技官の専門的検査や法務教官の実務がそれぞれ行われています。以上の公的機関以外に，保護領域の機関（保護観察所，更生保護施設など）や児童福祉領域の機関（児童相談所，児童自立支援施設など）があり，主に臨床心理学の知識を持つ専門員が業務を行っています。

　次に，犯罪に関する実践と研究の種類を知るために，大きな学術会議にてどんな人たちが，どのようなテーマで研究発表しているのかを

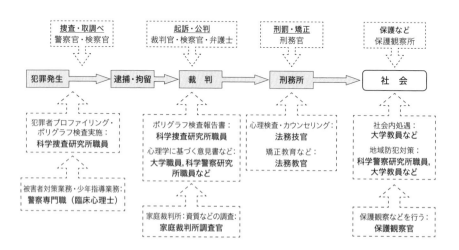

▲図1-2　犯罪事象に対する司法・犯罪心理学の関連機関および業務（桐生，2019）

記してみます。

　2017年9月に開催された第2回犯罪学合同大会をみてみます。この大会に参加した学会は，日本犯罪学関連学会ネットワークに加入している日本犯罪学会，日本犯罪社会学会，日本社会病理学会，日本司法福祉学会，日本更生保護学会，そして日本犯罪心理学会です。日本の主要な犯罪関連学会が，ほぼすべて参加したことになります。これら各学会に参加している研究者は次のとおりです。日本犯罪学会には法学者，精神科医，法医学者が，日本犯罪社会学会には法学者や社会学者が，日本社会病理学会には精神科医が，日本司法福祉学会には福祉学者が，日本更生保護学会には法学者が，そして日本犯罪心理学会には心理学者，精神科医，社会学者が，それぞれ主な学会員となっています。

　司法・犯罪心理学は，これら関連学会と相互に影響しあいながら，犯罪捜査，鑑別・裁判，矯正，予防・更生・保護，防犯などの実践報告や研究が行われます。そして，実践家や研究者の所属は，法務省所管の施設である矯正機関，科学捜査研究所など警察機関，児童相談所などの児童福祉機関，家庭裁判所などの司法機関，大学などの研究機関，医療などのその他の機関となります（笠井ら，2012）。

　司法・犯罪心理学の実務場面では，前記の各関連機関に所属する実務家や研究者によって，個々の業務が行われています。それら実務場面は，たとえば日本犯罪心理学会が編集した「犯罪心理学事典」（日本犯罪心理学会，2016）の章立て，「犯罪・非行の原因」「犯罪心理学の研究法」「各種犯罪」「捜査」「査定」「施設内処遇」「社会内処遇・更生保護」「犯罪・非行の予防」「犯罪被害者」「司法制度・指導・福祉的措置」に反映されています。深く学びを求める人は，ぜひこの「犯罪心理学事典」を眺めてみてください。

　もう少し，具体的に実践や研究のテーマをみていきましょう。

　2011年8月5日から9日の5日間，犯罪に関連する世界42の国・地域の研究者1,467名が集まり日本（神戸市）で初めて国際犯罪学会世界大会が開催されました。そのときのプログラムのキーワードから，司法・犯罪心理学が関係すると考えられたのが次のものです。キーワード翻訳は，「国際犯罪学会第16回世界大会報告書」（平山・宮澤，2011）によります。

①犯罪の諸類型：Violent Crime（暴力犯罪），Property Crime（財産犯罪），Domestic Violence（ドメスティック・バイオレンス），Sex Crime（性犯罪），Traffic Offense（交通犯罪），Crime against Public Order（公共の秩序に反する犯罪），Organized Crime（組織犯罪），Organizational Crime（組織体犯罪），State Crime（国家犯罪），Gambling（ギャンブル），Cyber Crime（サイバー犯罪），Hate Crime（ヘイト・クライム），Terrorism（テロリズム）など。

②年齢，ジェンダー：Juvenile Delinquency（少年非行），Crime by the Aged（高齢者犯罪），Criminal Career and Desistance（犯罪キャリアと離脱），Crime and Gender（犯罪とジェンダー）など。

③犯罪に関連する諸要因：Subculture（サブカルチャー），Substance Abuse（有害物質乱用），Firearms（銃器），Mental Health（精神衛生）など。

④被害者学：Victimization Research（被害者化研究），Victim Assistance（被害者支援），PTSD and Treatment（PTSDと治療）など。

⑤犯罪と犯罪者に対する反応：Fear of Crime and Perceived Risk（犯罪に対する恐怖とリスク認知），Media Construction of Crime and Criminals（メディアによる犯罪と犯罪者の構築），Adjudication（裁判），Jury and Lay Judges（陪審と素人裁判官），Treatment of Incarcerated Criminals（受刑者の処遇）など。

⑥研究方法：Quantitative Methods（計量的方法），Qualitative Methods（定性的方法），Evaluation Research（評価研究），Experimental Methods（実験的方法）など。

　これらキーワードから司法・犯罪の実務場面におけるさまざまな問題が，研究や調査に反映されていることがうかがえると思います。
　また，心理学的手法を主体とした研究の動向については，日本心理学会にて2014年以降に報告された論文テーマから知ることができます。それらは，「被害者の遺族に関する研究」「加害者の再犯予防に関する研究」「事件リンクに関する犯罪情報分析の研究」「目撃証言を想定した児童への面接に関する研究」「犯罪被害予防の研究」「官民協働刑務所に対する近隣住民の意識に関する研究」「受刑者の自白理由と取り調べに関する研究」「連続殺人事件に関する研究」「地理的プロファイリングに関する研究」「性犯罪者の再犯防止のための心理的介入に

関する研究」などです。これら論文のテーマから，現在の研究がとても幅広い分野にて行われていることがわかると思います。

　以上のとおり，犯罪者の動機や行動といった研究ばかりではなく，社会や文化の視点からの研究，被害者や目撃者，地域住民などに対する研究，高度な統計学や実験など研究方法に関する研究といったさまざまなアプローチがあるといえます。

3節　司法・犯罪心理学の行動モデル

　さて，司法・犯罪心理学の研究を進めるうえで，重要ないくつかのモデルが提案されています。それらのモデルでは，犯罪者の行動や犯罪発生状況を構成するいくつかの要因にて説明されています。

　たとえば，日本で初めての犯罪行動モデルとして，精神科医の吉益脩夫による累犯者を分類した「犯罪生活曲線」（吉益，1958）というものがあります。累犯者383名を分析資料とし，①犯罪を開始した時期が25歳未満か，それ以上かで分類した「早期犯罪・遅発犯罪」，②「犯罪の反復と間隔」，③同じ犯罪を繰り返したか，それ以外の犯罪かで分類した「犯罪の方向（5群）」の組み合わせによって，犯罪の類型化を試みたものです。そして吉益は，累犯者の類型として典型的な6パターンを見出していますが，それら類型は犯罪行動の各要因によって組み合わされ表現されたものだと考えられます。

　次に，汎用性の高い一般的なモデルとしては，精神科医の福島（1982）が犯罪者の行動に関し概括的なモデルを提案しています。

$$犯罪行動 = f（ae 人格・ct 環境）$$

　このモデルでは，犯罪行動は人格と環境との相互作用の関数 f として生じるものとしています。なお，人格は生物学的な先天的要因 a と後天的に獲得形成された要因 e で構成され，環境も犯罪行為時の環境要因 c と発育時に影響をもたらした環境要因 t にて構成されるとしています。このモデルは，犯罪の発生要因を犯罪者の行動主体に説明を試みたものだといえます。

　これに対し，犯罪発生の状況に焦点を当て説明を試みたものとして，

犯罪社会学者フェルソンのルーティン・アクティビティ理論によるモデルがあります。これは，動機づけられた犯行者，格好の標的，監視者の不在の3要素が，空間的要因と重なると犯罪発生の可能性が高まるという考え方によるものです（Felson, 2002）。これを，便宜的に記したものが次のモデルです。

犯罪 =（犯行者＋標的－監視者）（場所＋時間）

なお，環境犯罪学者であるブラッティンガム夫妻（Brantingham, P. J. & Brantingham, P. L.）は，このルーティン・アクティビティ理論を発展させ，犯罪者の意識空間と知覚された犯行対象が重なる場所で犯罪が発生すると考え，これを「犯行地点選択モデル（犯罪パターン理論）」として提唱しました（Rossmo, 2000）。

このモデルの概要は，

①犯罪者にとって居住周辺の地域は魅力的な場所である
②犯罪者（人）は，自分の置かれた環境の中でランダムには行動しない
③犯行行程は，仕事や買い物に出かけるのと類似しており，また，それらと同様の制約を受けている
④ほとんどの犯罪者は，犯行場所を行き当たりばったりで選択はしていない
⑤被害者は偶然選ばれるかもしれない
⑥しかし，犯人が気づいているかどうかは別として，偶然の選択は空間的に構造化されている

▲図1-3　防犯教室，フィールド調査の様子

と，考えたものです。

また，この考えを数式に置き換えて，「犯人の標的探索行動は，居住地から離れるにつれて犯行に及ぶ確率が単調減少する」「しかし，居住地の近隣に犯行が行われない知己が存在する」「そこで犯罪発生の確率が最も高いのは，犯罪者の住居からある程度離れた地域である」とした「Criminal Geographic Targeting: CGT」モデル（Rossmo, 1997; 2000）を考えたのが，キム・ロスモ（Rossmo, D. K.）という犯罪行動学者です。

以上のように，司法・犯罪心理学の研究を進めるうえで，重要ないくつかの行動モデルがあることをご理解いただけたと思います。これらモデルは，皆さんの司法・犯罪心理学の学びにおいて，常に念頭においてもらうことなります。

4節　学生による学び

では，皆さんは大学などでどのような学びを行うことになるでしょうか。

司法・犯罪心理学を学ぶとき，教室で話を聞いているだけでは，その学びの対象を実際的に知ることは，なかなか難しいと思われます。先に紹介した講義シラバスのような内容を学んでも，すぐに実感することはできないかもしれません。そのため，大学の講義以外に，さまざまな現場を観察したり活動に参加したりして学びを深めることが行われています。

▲図1-4　シアトル市内の警察署におけるレクチャー風景

たとえば，警察本部や刑務所，裁判所などの視察を行ったり，地域の防犯活動に参加するなど，間接的ですが犯罪事象に触れることが行われています。桐生（2012）は，学生の活動として次のような犯罪事象に関する活動を行っていました。

> ①学生が，防犯絵本，防犯紙芝居，防犯ソングを作成し，それらを教材として地元の小学校などで防犯教室を実施した。
> ②県警少年サポートセンターの専門職員の指導により，学生が犯罪予防に関する街頭活動を行った。
> ③キャンパスのある地域において，その地域住民に対する質問紙調査を実施し，その結果をもとに地域のフィールド調査を行い，防犯マップの作成を行った。
> ④官民協同の刑務所である社会復帰促進センターにおいて，業務支援活動を行った。

　これら活動は，学生がつくった NPO 法人が中心となって行われています。
　また，平（2016）は，大学内の学生防犯サークル「PACE」が外部資金を獲得しながら，地元小学校における防犯教室やさまざまな調査を継続的に行っていることを報告しています。その活動の社会的貢献は大きく，いくつかの団体から表彰を受けているそうです。
　日本国内だけではなく海外での学びも可能です。
　筆者が引率している海外研修プログラムでは，毎年，犯罪心理学を学んだ学生を中心にアメリカのワシントン州シアトル市を訪問しています。そのプログラムの内容は，12 日間にわたりシアトルの警察署，裁判所，刑務所，少年院などの司法機関を視察・研修するものであり，犯罪という社会事象をグローバルな観点から学習することを目的としています。ただ見学するだけではなく，それぞれの現場で活躍する人々に向けて，学生が日本の実情などプレゼンテーションを行い，積極的な情報交換を行っています。
　司法・犯罪心理学の学びにおいては，他の学問分野以上に，積極的に社会へ飛び出して行動することが，深い学びを得ることになると考えています。

5節　司法・犯罪心理学のこれからについて

　本書は，国家資格である「公認心理師」にて履修科目となっている「司法・犯罪心理学」の内容を網羅した構成となっています。したがって，基本的な知識を広く得るテキストとしての役割をまず担っています。加えて，司法機関などに勤務する人以外に，病院やマスメディアなどに勤務する人からの執筆もあり，現代社会と司法・犯罪心理学との関わりを知りたい学生にも有意義な内容となっています。

　本書にて得た知識や研究から，もっと深く知りたいと思われた人には，本書末の「さらに勉強するための推薦図書」をご覧いただければ参考になると考えます。また，関連学会の研究論文を図書館で探したり，論文掲載のWebサイトを調べ，それらを読むこともお薦めします。先に紹介しました日本犯罪学関連学会ネットワークに加入している日本犯罪心理学会が刊行する雑誌「犯罪心理学研究」には，司法や犯罪に関連する業務を主とする実務家や研究者が研究を報告しています。インターネットの研究論文検索サイトから閲覧することができますのでご覧ください。

　さて，日本犯罪心理学会が主催する年1回の学会大会では，毎年100題前後の研究が発表されています。それら大会では，その時々の犯罪事情が反映された最前線の研究が報告されています。2016年，筆者が大会準備委員長を務めた際に，以下の文章を大会プログラムに書いたのですが，お読みいただくと，今の研究動向をうかがうことができると思います。

> 　犯罪は，刻々と動いている社会事象のネガティブな表出先であり，社会を紐解く有力な指標と考えられます。一方，人間の行動や心理の研究においては，背景理論にも結びつく基本的な挙動や傾向を，明確に示す変数であるともいえるでしょう。
> 　しかしながら，これまで日本では，より限定的なエリア内にて研究がなされ，それら成果を社会全体に提供するということが，あまりなされていませんでした。また，他の心理学領域との連携やアプローチも，積極的に行われているとは言い難いよう思われます。
> 　そこで我々準備委員は，「これからの犯罪心理学を考える」をメイ

ン・テーマとし，昨今の犯罪心理学を取り巻く諸事情を鑑み，2つのシンポジウムと5つのワークショップを企画いたしました。

　まず，岡本吉生会長に犯罪心理学における社会貢献などについてご講演をお願いいたしました。お二人の若手研究者，永房典之先生と山本麻奈先生とのやりとりを通じて，緩やかな変化のきっかけを模索するシンポジウムを企画したところです。

　次に，「東洋大学21世紀ヒューマン・インタラクション・リサーチ・センター（HIRC21）」のご協力を得て，New Yorkから社会心理学者であるEmanuele Castano氏をお招きし，反社会的行動などをお話しいただきます。このシンポジウムでは，国内外の社会心理学会，犯罪心理学会にてご活躍著しい尾崎由佳先生と原田隆之先生に，Castano氏の基調講演を踏まえた話題提供もお願いしています。

　また，企画側とフロアーとのディスカッションが深まることを期待し，これまでの「ミニ・シンポジウム」を「ワークショップ」の名称に変更したところです。準備委員会の委員でもある各企画者が，女性犯罪，面接者の無力感，大学研究者の独自性など昨今の重要なテーマを取り上げ企画しました。これらシンポジウムなどの企画は，我々が構築すべきこれからの犯罪心理学の在り方に関し，多くの示唆を与えてくれるものと考えています。

　なお，本学会において初の試みとして，犯罪心理学研究で使用される多変量解析などの統計分析デモンストレーションを実施予定です。ぜひ，ご活用ください。

（2016年9月3日～4日，東洋大学にて開催「日本犯罪心理学会第54回大会プログラム」より転載）

　司法・犯罪心理学においては，心理学の他分野（社会心理学，認知心理学など），医学や生物学，数学や統計学といった他領域の学問との結びつきが，ますます必要となってきています。

　昨今の犯罪に対し他のいかなる学問とも同様に，「司法・犯罪心理学」は，まだまだ力不足であり，人の「心」とは，まだまだ未知の研究領域となっています。しかしながら，人類が持つ多くの叡智をつなぎ合わせ，未知の部分に迫っていく力を，「司法・犯罪心理学」は持っていると考えています。本書を手に取った皆さんには，ぜひともその力を信じて，しっかりと勉強していっていただければと願っています。

現場の声1

現場鑑識：科学捜査研究所の思い出①

　初めて仕事で遺体に関わったのは，山形県科捜研1年目の雨の夜だった。
　当時の幹部が，「現場経験なくして心理鑑定はできない」と判断したのか，研究職で就職したばかりの私に，県下の鑑識エリートが集まる機動鑑識隊との兼務を発令した。同期で入った全国各道府県の心理担当6名は，皆，科捜研に専従している。最新の論文を読み，研究のアイディアを練り始めている。私といえば，機動鑑識隊の3交代勤務にとまどい，鑑識という未知の仕事への不安で，専門書を読む余裕もない。鑑識作業ができるのは警察官のみであるから，私は「鞄持ち」である。兼務配属となった第1班のW係長は，鑑識の大ベテランであり部下の指導も厳しい。とにかく，ピリピリした犯罪現場では，邪魔にならないようにすることだけを心がけていた。
　深夜過ぎ，ある山中の崖下に自動車が落下しており炎上しているとの第一報が入る。地元の警察署から，車中に焼死体があることから機動鑑識隊の出動要請がくる。W係長以下，緊急出動して，小雨降る現場に臨場する。雑木林の崖下の自動車は，既に到着していた消防隊員が消火していた。雨合羽を着て長靴に履き替えると

「桐生君，ライト！」

　W係長の指示が出る。急いで車から鑑識ライトを持ち出し，下を照らす。ボンネットに電動ノコギリで切れ込みを入れ，屋根を剥がすと遺体が見える。

「ボクサー・ポーズだな」

　真っ黒になった固まりが照らされる。両腕がパンチを打ち出す前のよう曲がっている。ついさっきまで，生きていたようだ。顔らしきものはわかるが，およそ直視できない。

「運び出すから，Y主任を手伝って，ほら，早く！」

　身近で見た焼死体は命が絶えていたが，なま暖かさが伝わってくる。その後，私の記憶は定かではない。ただ，鑑識作業は淡々と進められていた。

　数日後，町中の公園にて発見された遺体の検分に立ち会うこととなる。
　奥まった茂みの中で餓死した男性ホームレスは，やせ細り半ばミイラ化しているよう見えた。死体検分が始まる。これまで嗅いだことのない臭いの渦中に入り込む。私はライト係である。ライトの光が温かく感じる季節である。
　すると，遺体の目や口の中にあった泡（と思っていた）が，ライトの熱

でふ化し，次々と幼虫となり，列をなして遺体から離れていく。泡は，ウジの卵だった。いくつもの方向へ，線状に延びていく白く小さな虫の列だけに注意が向く。

「ほら桐生君，目元をもっと照らして！」

W係長の厳しい指導が入る。

その後，機動鑑識隊兼務の日には，強盗や性的犯罪，死亡交通ひき逃げなど，さまざまな犯罪現場に臨場し，それまで体験したことのない「日常」に遭遇していた。それらには，小説や映画，テレビドラマとは明らかに異なる，温度と臭いと，そして感情が立ちこめていた。

最初の殺人事件は，ある中小企業の若い社長夫人が刺殺された事件だった。従業員の女性が殺害後，ビニール袋や毛布で遺体を何重にも包み，押入へ隠し逃走した。警察署長や本部捜査一課の幹部らを部屋から追い出し，検視官が検分を始める。胸に包丁を刺したままの女性が現れた。眠っているような彼女は何も語らないが，その様態から犯人の強い怨恨がうかがい知れた。同時に，いつの間にか冷静な観察ができる自分を感じていた。W係長が的確に指示を出す。現場写真が撮られ，次々と証拠保全がなされ，犯人へ辿り着くための鑑識の段取りが定まってくる。

犯罪現場は，考古学が対象とする遺跡発掘と同じである。その作業は，最も肝心な過去へ遡るため行われる。一段ずつ時間を重ねて，犯人と被害者の軋轢の痕跡が継ぎ合わさる。

２年間続いた機動鑑識隊の兼務は，大きな財産を私に与えてくれた。現場を俯瞰する冷たい目と，犯罪者の知性と感情が入り混じる視点である。

科捜研での主たる仕事は，自律神経系を測定し記憶を検出するポリグラフ検査であったが，検出のための質問作成時に犯罪現場の観察が欠かせない。凶悪事件や重要犯罪の捜査において，ポリグラフ検査の実施は，冤罪防止にもつながる重要な心理鑑定である。その正確さは，何を質問項目にするかで決まってくる。事件発生直後，犯罪現場に臨場し，犯人の視点，行動，思考を予測しながら記録をとる。犯罪者の視点に立ち，真犯人でなければ知り得ない事実を探し出す。見出した質問項目が，ポリグラフ検査の成否を決める。

ある年のお盆休み，休暇を取り久しぶりに実家で，さて飲もうかとなった。すると，本部捜査一課から殺人事件発生の電話連絡が入る。

「今，実家なんですよ。その現場には，ちょっと遠くて…」

「大丈夫，大丈夫！」

　と，管理官が大声で答え電話が切れると，しばらくしてパトカーのサイレンが聞こえてくる。実家の地元警察署の若い警察官が，お迎えに参りました，と言って玄関を開ける。パトカーに拉致され，殺人現場に直行となる。実家の両親も，近所の人たちも，犯人が逮捕されたとしか思えない一瞬の出来事であった。

現場の声 2

犯罪者プロファイリング：科学捜査研究所の思い出②

　大学教員に転職するまでポリグラフ検査を800件ほど行い，そのつど犯罪現場を見て回ったのだが，終盤に新たな仕事が始まる。犯罪者プロファイリングである。

　1986年，米国連邦捜査局（Federal Bureau of Investigation: FBI）にて犯罪行動を分析していたダグラス，レスラー，バージェス，ハートマンによる論文「Criminal Profiling from Crime Scene Analysis」が，Behavioral Sciences & The Lawに発表される。そこには，1970年代からFBI行動科学課が構築してきた「犯罪者プロファイリング」（offender profiling）の歴史，定義，分析プロセス，殺人のタイプなどが紹介されていた。その後も，FBIから秩序型・無秩序型・混合型といった連続殺人の分類事例や，分析手順などの論文が次々と報告され出す。犯罪現場分析から犯人像を推定する作業に対し，プロフィール作成を意味するprofilingという名称を与えて以来，世界中の犯罪捜査において重要な手段となる。

　このアメリカの動向を受け，科学警察研究所のT先生が全国の科捜研有志に研究会を兼ねた一連の論文翻訳を呼びかける。当時，北海道警から熊本県警に至る私たち有志は，まだ法律ができていなかった「ストーカー」について共同研究を行っていたが，この呼びかけにすぐ飛びついた。普段，強面のT先生は，研究には厳しかったが学会懇親会などではとても気さくで，人望も厚い方だった。さっそくFBIの性的殺人に関する連載論文や，イギリスのカンター教授らの統計的プロファイリング報告書の共同翻訳を始める。以後，メンバー各人が，日本の事例やデータを用いて研究を行い，実務への応用を試みることとなる。2000年4月，北海道警察本部に日本初の犯罪者プロファイリング・ユニット「特異犯罪情報分析班」が設置された後，複数の府県警察本部でも分析業務が始まる。私も，捜査係長とチームを組み，その業務を開始した。

　このような警察における動向とは別に，レスラーとシャットマンの著書「FBI心理分析官（Whoever fights monsters）」（1994）や「FBI心理分析官2（I have lived in the monster…）」（1996）が，一般図書として刊行されると，犯罪者プロファイリングの社会的な認知度が一気に高まる。これらの本の冒頭には，シリアルキラーに関する数々の写真，犯人や凶器，遺体などが載せられている。リチャード・トレントン・チェイス，ウィリアム・ハイレンズ，サーハン・サーハン，チャールズ・マンソン，テッド・バンディ，リチャード・スペック，ジェラルド・シェイファー，ハーバード・M・マリン，エドモンド・ケンパー，ジェフリー・ダーマー，そしてジョン・

ウェイン・ゲイシーといった名だたる殺人鬼たちであった。
　圧巻なのは，ゲイシーの家の床下から29体の遺体が発見されている状況を写した写真である。腐敗した死体，検死風景，掘り起こしていて気分が悪くなった警察官…。日本では決して流出しないであろう捜査現場の写真が，惜しげもなく巻頭を飾り，シリアルキラーの不気味さを畳みかけてくる。
　本文にレスラーが，ゲイシーに対して行ったインタビューが記載されている。(以下，引用はFBI心理分析官2（1996）田中一江（訳）より）。

　　レスラー「ところで，令状が出て捜索がはじまると，きみの家の床下からかなりの数の死体が発見されたね？」

　　ゲイシー「ああ，おれは勝手にさがしてくれっていったんだ。床下に死体があるとわかっていたら，そんなことはしないだろ。警官が床下にもぐっていったときだって，ぜんぜん平気だったね…」

　確かにゲイシーは，29体の遺体を埋めた家に，「ぜんぜん平気」で暮らしていた。死体に対して，ゲイシーのとらえ方がうかがわれる言葉に次のようなものもある。

　　「…そもそも，死体はつべこべいいやしない。うるさいのは生きている人間のほうだ」

　科捜研時代の話に戻ろう。
　田んぼの下から，首のない男性が発見されたのだが，しばらくして被害者の同僚男性が任意同行される。本格的な取調べが始まる前に，ポリグラフ検査が要請された。遺体が発見された具体的な個所，遺体損壊の状況など，犯人しか知り得ない質問項目に反応が現れる。最後に，切り離した遺体の一部（首）の隠匿場所を探索的に質問した。検査の結果，被疑者自宅の庭に反応が示された。その後，その男性が自供する。掘り起こされた庭から被害者の首が発見される。なぜ，首だけを切り離し庭に隠したのか，という取調べ官の質問に対し，

　　「殺した後，何度もあいつ（被害者）が夢枕に出てきた。そこで首を切れば現れないと思い，埋めた田んぼから掘り起こし首を切った。庭が，一番安心だと思い首を隠した。その後はゆっくりと眠ることができた」

　と供述した。

殺人者のこころは理解しがたい。だから，安易に理解しようと思ってはいけない。私たちができることは，事実を俯瞰し知性と感情が入り混じる犯罪者の目をもって，彼ら行動が残した痕跡を，淡々となぞることだけである。

第 2 章
犯罪捜査における司法・犯罪心理学

1 節　犯罪者プロファイリング：
　　　　開発の背景と理論，そして日本における実践

1. 日本の犯罪捜査

　犯罪とされる行為とその行為に対する刑罰をあらかじめ法律に定める原理を罪刑法定主義とよびます。日本では，たとえば，刑法 199 条に「人を殺した者は，死刑又は無期若しくは 5 年以上の懲役に処する」と定められています。犯罪は，あらかじめ法律に定められた犯罪行為で，違法，有責な行為と定義され，警察による犯罪捜査（犯罪行為を行った疑いのある人物の特定，逮捕，証拠の収集）の結果，犯罪に該当する場合は検察官に送致されます。

　犯罪捜査は捜査員を中心に行われます。そして，科学の知識，技術を犯罪捜査に応用する学問領域である法科学を専門とする鑑識係員や研究者による，指紋，掌紋，足跡，毛髪，唾液，血液，凶器，遺留品などの科学的分析も必要不可欠です。これら法科学の 1 領域として，ポリグラフ検査や犯罪者プロファイリングといった方法で，心理学も捜査員を支援しています（笠井・桐生・水田，2012）。カンターとヤングス（Canter & Youngs, 2009, p.4）は，「心理学の原理を応用し，犯罪者の行動および逮捕から裁判手続きへ移行する過程を研究する学問領域」を捜査心理学とよんでいます。

2．犯罪者プロファイリングとは

　日本の警察では，犯罪者プロファイリングとは「犯行現場の状況，犯行の手段，被害者などに関する情報や資料を，統計データや心理学的手法などを用い，また情報分析支援システムなどを活用して分析・評価することにより，犯行の連続性の推定，犯人の年齢層，生活様式，職業，前歴，居住地などの推定や次回の犯行の予測を行うもの」と定義されています（警察庁，2015, p.94）。連続して発生している性犯罪，放火，通り魔事件など犯行状況に関する情報量の多い事件や犯行特徴がつかみやすい事件で活用されています（警察庁，2015）。日本の犯罪者プロファイリングを理解するためには，米国連邦捜査局（FBI）が開発した「FBI方式」とよばれる方法，カンターが開発した「リヴァプール方式」とよばれる方法を知る必要があります。

(1)「FBI方式」の犯罪者プロファイリング

　1973年，米国ミシガン州のキャンプ場で，スーザン・イエーガーという少女が連れ去られる事件が発生しており，この付近では，若い女性が失踪する事件が複数発生していました。当時の米国では，さまざまな猟奇的な連続殺人事件が発生していました（Ressler & Shachtman, 1992／相原訳，1994）。連続殺人は，1人の犯人が複数の人を殺害するような事件であり，1回の事件では1～2名程度を殺害し，一定期間が経過してから，再び同様の殺人を繰り返しますが，被害者（Victim）－加害者（Offender）関係（以下，V－O関係）がなく，被害者の人間関係を手がかりとすることもできません（越智，2008）。

　以前より，FBIアカデミー（警察学校）では，全米から参加した捜査官を対象に，米国で起きたさまざまな事件について議論形式の授業を行う中で，教官たちはさまざまな事件の捜査報告書，死体検案書，実況見分調書や犯罪統計をみることにより，V－O関係のない事件でも犯人の動機や特徴をある程度推定できると考えていました（Ressler & Shachtman, 1992／相原訳，1994; 越智，2015）。

　スーザン・イエーガーの事件では，FBIアカデミーのハワード・テン（Teten, H.）とロバート・レスラー（Ressler, R. K.）が，プロファ

イラーとして，捜査報告書や実況見分調書，過去の事件データなどから，犯人の特徴について，実際に推定を行いました（Ressler & Shachtman, 1992 ／相原訳，1994）。「20 代の白人男性」「単独犯」「近くに住む」「知能は平均以上」「少女を殺害し，その一部を自宅に保管している」という推定結果は，検挙された犯人のデビット・マイヤホファーの特徴と一致していたのです（越智，2015）。しかし，当時の犯罪者プロファイリングはプロファイラー個人の「技」でしかなく，レスラーをはじめとする FBI アカデミーのチームは，確立した手法とするべく，後述の類型論を背景とした以下のような手続きを構築していきます。

①犯罪現場の情報の分析
②犯罪現場の分類
③犯人属性の抽出
④プロファイラー個人の知識や経験をもとにした犯人属性の構成

　主に犯人が持つ性的な空想が強く関与する殺人，放火や性犯罪の犯罪捜査において活用されています（Holmes & Holmes, 1996 ／影山監訳，1997）

(2)「FBI 方式」の類型論

　「FBI 方式」は，類型論とよばれる，典型的な型を複数設定し，個人をいずれかの型に分類することにより，個人を理解しようとする心理学の方法論を使用します。たとえば，レスラーをはじめとした FBI アカデミーのチームは連続殺人事件の犯人属性の類型化を行っています（Ressler & Burgess, 1985）。彼らは，すでに逮捕された連続殺人犯や，Ｖ－Ｏ関係のない性的殺人を行った犯人 36 名について，犯罪現場（たとえば，現場の事物の整理状況，凶器の準備状況や被害者の遺体の状況など）と，犯人の属性（たとえば，年齢，職業や学歴など）に関する 180 項目以上の資料に加えて，実際に犯人に会って面接を行うことにより，犯人から被害者を殺害した際の思考，感情や行動に関する資料も収集しました。
　カンター（Canter, 1994 ／吉田訳，1996）は，犯人の一連の行動

を包括的に分析することにより把握できる犯行の型を犯行テーマとよび，たとえばすべての連続殺人に共通する犯行テーマと，ある連続殺人犯に特有な犯行テーマがあると指摘しています。FBIアカデミーのチームは，すべての資料をもとに，連続殺人に共通する犯行テーマと犯人属性を「秩序型」と「無秩序型」に分類しました（横田, 2005）。また，「秩序型」に当てはまる場合，犯人属性も「秩序型」である可能性が高く，反対に犯行テーマが「無秩序型」に当てはまる場合，犯人属性も「無秩序型」であることを発見しました（越智, 2015）。

　「秩序型」と「無秩序型」の犯行テーマと犯人属性について，具体的な特徴の一例（Ressler & Burgess, 1985）を紹介します。「秩序型」の犯行テーマの特徴には，「計画的な犯行」「犯罪現場がきれい」「凶器や証拠を残さない」などがあります。「秩序型」の犯人属性の特徴には，「知的水準は平均以上」「社会性がある」「犯行中は感情を統制している」などがあります。「無秩序型」の犯行テーマの特徴には，「無計画な犯行」「犯罪現場は乱れている」「凶器や証拠を残す」などがあります。「無秩序型」の犯人属性の特徴には，「知的水準は平均以下」「社会性が未熟」「犯行中は感情が不安定」などがあります。

　しかし，実務では，「秩序型」と「無秩序型」のどちらにも当てはまらない犯行テーマを含む事件や，「混合型」とよばれる「秩序型」と「無秩序型」の特徴の両方を持っている事件が確認されており，類型論を背景として犯行テーマだけで犯人属性を推定することに限界があることも指摘されています。

(3)「リヴァプール方式」の犯罪者プロファイリング

　当時，英国サリー大学に在籍していたカンターは，1985年にロンドン警視庁から連続強姦殺人事件の捜査協力依頼を受けました。この一連の事件は，1982年から最終的に犯人が逮捕された1986年までの間，ロンドンで発生していました。当初は強姦行動のみでしたが，後に被害者を殺害するまでに至っており，犯人の属性がまったく不明であることから，ロンドン警視庁管内では問題となっていました（Canter, 1994／吉田訳, 1996）。当時，英国でも，「FBI方式」の犯罪者プロファイリングは出版物などで知られていましたが，具体的な手続きは記載されておらず，カンターはさまざまな試みをしました。

カンターは,まず,数名の捜査官とともに,後述のファセット理論を背景とした以下のような手続きで(岩見, 2006a),犯罪者プロファイリングを実施しました。

(ア) 発生順に時間や曜日などを記入した事件情報の一覧表の作成
(イ) 同一犯の犯行と考えられた事件から犯人の行動の抽出とデータ作成
(ウ) 犯行データについて,統計的手法を使用した分析
(エ) 統計分析の結果から,犯人が再び殺人を行うか否か,すべての事件が同一犯による犯行か否かなどの推定

カンターは,次に,チーム内の捜査官がロンドンの地図に事件発生場所を書き込んでいることに注目し,犯人の行動について地理的分析も試みました(Canter, 1994／吉田訳, 1996)。犯人の空間行動に関する以下の分析と推定は,後述する地理的プロファイリングと後に定義され,連続犯行の現場分布から犯人の活動拠点を推定する目的で活用されるようになりました(横井, 2016)。

①連続事件の発生地点のマッピング
②発生年別に事件発生地点の分布の比較
③初期の犯行領域が犯人の犯行基点であるという仮説の設定
④初期の発生地点に囲まれた地域内に犯人の居住地があるとの推定

カンターは1986年に,試験的な犯人属性と犯人の居住地を警察幹部に提出し,「最初の3件の犯行場所に囲まれた地域に住む」「年齢は20歳代半ばから後半」「半熟練あるいは熟練労働で,週末に働いているか臨時の職業に就いている」「性行動について,かなりの経験がある」「逮捕歴がある」などの犯人属性と犯人の居住地は,同年に検挙された犯人のジョン・ダフィの特徴と一致していました(Canter, 1994／吉田訳, 1996)。この一連の事件をきっかけに,移籍先のリヴァプール大学において,カンターは犯罪者プロファイリングと地理的プロファイリングの研究を本格的に開始することになります。

(4)「リヴァプール方式」における多変量解析：ファセット理論

　ファセット理論は，ルーズ・ガットマン（Guttmann, L.）により提案された「デザイン」「分析」「理論」の過程から構成される科学的方法論です（真鍋，2002）。「デザイン」の過程では，事件情報の一覧表を作成し，犯人の行動を抽出してデータを作成します。「分析」の過程では，犯人の行動に関するデータ同士の類似性を二次元空間に視覚的に表示するような統計分析を行います。類似性とは，事件において2つの行動が確認された場合，これらの行動を同一犯が同時に行う可能性です。「理論」の過程では，分析により二次元空間に表示された犯人の行動に関するデータの類似性と配置から，仮説や先行研究をもとに犯行テーマを分類，検討することにより，犯人の行動の構造を明らかにしていきます。

　ファセット理論の「分析」の過程では，類似性が高いデータ同士は接近して表示され，低いデータ同士は離れて二次元空間に表示されます。また，二次元空間の中心に連続殺人事件に共通する犯人の行動に関するデータ，その周辺に署名的行動とよばれる，ある犯人に特有な行動に関するデータが表示されます。犯人の行動に関するデータの類似性と配置から，犯行テーマについて詳細に検討することにより，犯人属性を推定することを犯行テーマ分析とよびます。たとえば，ジョン・ダフィの事件の後，カンターとヘリテージ（Canter & Heritage, 1990）は，被害者と面識のない犯人27名による66件の性犯罪事件の犯行テーマ分析を行い，性犯罪者の犯行を「親密性」「性愛性」「暴力性」「非人間性」「犯罪性」に分類しました。たとえば，「犯罪性」の犯行テーマを持っている犯人の属性として，性犯罪以外の犯罪歴を有していることが推定されます。

3. 高度な分析

　連続して発生している事件では，複数の事件が同一犯によるものであるか否か分析することが必要であり，これをリンク分析とよびます（横田，2016）。

　常に同一犯の行動の内容は一貫しているという「行動の一貫性」と署名的行動により犯人を識別できるという「識別性の理論」を前提とします（Woodhams et al., 2007）。さまざまな分析手法があり，た

とえば，犯行テーマ分析の結果をもとに，ある地域で発生した連続事件のうち，同じ犯行テーマの事件は同一犯による犯行である可能性が考えられます（越智，2015）。

犯行テーマ分析の結果をもとにしたリンク分析では，多次元尺度構成法を使用します。具体的には，列に「事件」，行に各事件におけるさまざまな「犯人の行動」を配置した表データを作成し，犯人の行動がある場合「1」，ない場合「0」と入力します。この表データを数学的な計算式に当てはめることにより，データ同士の類似性を算出し，二次元空間上にその類似性を表示します。多次元尺度構成法の1つである最小空間分析が当初，使用されていましたが，近年では，多次元尺度構成法ではなく多重対応分析や数量化Ⅲ類なども使用されています。そのほか，犯人属性の推定に際しては，たとえば重回帰分析，ロジスティック回帰分析やベイズ統計などの高度な統計分析が使用されています。

次に，"地理的な情報をもとにしたプロファイリング手法"（越智，2015）である地理的プロファイリングは，犯罪捜査を支援する手法という点で犯罪者プロファイリングの一部を構成すると考えられます（岩見，2016）。支援の主な内容は，犯人の居住地の推定と次回の犯行場所の予測です。

犯人の居住地の推定には，3種類の手法があります（横井，2016）。まず，犯罪現場の分布を幾何学図形で要約し，居住地が存在する範囲を示す手法があります。代表例として，カンターが提案した，すべての犯行場所を地図に書き込み，その最も離れた2点の犯行場所を結ぶ線を直径とする円の中に犯人の居住地がある，という円仮説があります。次に，犯罪現場の分布を測定し（セントログラフィ），居住地点を示す手法があります。代表例として，犯罪現場からの距離の総和が最も小さくなる点を求め，その地点に居住地があるという重心仮説があります。最後に，犯行移動の一般的な傾向を算出し，居住地が存在する可能性を確率面で描く手法があります。代表的例として，カナダのキム・ロスモ（Rossmo, D. K.）が提案した地理的犯罪者探索モデルでは（Rossmo, 2000），顔が知られているため居住地付近での犯行確率は低く（バッファー・ゾーン），居住地から大きく離れるほど犯行確率が減少するものの，居住地から適度に離れた地域で犯行

確率が高くなると仮定しています。

　次回の犯行場所の予測については，たとえば，分布している犯行場所のうち犯行が集中している場所（ホット・スポット）がある場合，次回もその場所付近で犯行が発生する可能性があることが指摘されています（岩見，2009）。

4．日本の犯罪者プロファイリング

　科学警察研究所（以下，科警研）の山岡一信（1962；1963a；1963b；1964a；1964b；1964c；1964d；1965a；1965b；1965c）による殺人，強盗，傷害，性犯罪における犯人と被害者の属性や犯行場所と時間などの分析，日本の犯罪者プロファイリングを推進させた科警研の田村雅幸（田村，1983a；1983b）によるV－O関係からみた殺人事件の分析などが行われていましたが，科警研が公式に犯罪者プロファイリング研究を開始したのは1990年代に入ってからでした。1988年から1989年に東京，埼玉で発生した連続幼女誘拐殺人事件をきっかけとして，「FBI方式」と「リヴァプール方式」の犯罪者プロファイリングに関する調査が，科警研と全国の科学捜査研究所（以下，科捜研）の有志によって開始されたのです（田村，1996；高村，2006）。田村（1992）は，日本初の犯罪者プロファイリング研究として，「幼少児誘拐・わいせつ事件の犯人の特性の分析」という題目の研究論文を発表しています。研究費の獲得，科警研の犯罪行動科学部捜査支援研究室の設立，科警研と都道府県警察の科捜研の研究員による研究会の開催，バラバラ殺人事件（渡邉・田村，1999a）や幼少児への性犯罪（渡邉・田村，1999b）などの犯人属性に関する実証研究とデータベースの構築などにより，2000年代前半まで，「日本方式」の犯罪者プロファイリングの基礎が形成されていきました（桐生，2000）。重要なのは，研究において，科警研の研究員と直接的に犯罪捜査に関わる全国の科捜研の研究員が密接に連携している点です。

　「日本方式」の特徴は，プロファイラーと，実際に犯罪捜査を行う捜査員の協働作業である点にあります。プロファイラーは高度な統計分析を使用して犯人の行動に関わる大量のデータを分析する手法を採用するとともに，データの収集や選定に際しては，経験豊富な捜査員の知識の活用やその地域性を加味しています（桐生，2006）。地理的

プロファイリングについては，日本独自のモデルである疑惑領域モデルが提案されています（三本・深田，1999）。連続して発生している事件の犯行地点との距離の総計が最も近くなる地点と，各犯行地点の間の距離の平均値を半径とする圏内に，犯人の拠点が存在するというモデルです。

　1999年の試験運用を経て，2001年より科警研は都道府県警察の依頼を受けて公式に犯罪者プロファイリングを実施しています（渡辺，2005）。2000年には，都道府県警察では初めてとなる犯罪者プロファイリングを専門に実施する部署が北海道警察に設置されました。現在，科警研において研修を受けた科警研の研究員，都道府県警察の科捜研の心理担当の研究員や捜査員がプロファイラーとなり，捜査員と連携しながら犯罪者プロファイリングを実施しています。具体的には，性犯罪，放火，通り魔事件などの連続事件において，居住地や犯人属性を推定することにより，容疑者の割り出しを支援したり，次回の犯行場所や時間を予測することにより，よう撃捜査（予測した場所で現行犯逮捕することを目的とした捜査）を支援しています（岩見，2016）。

2節　目撃証言，捜査面接法：実験とエビデンス

1. 目撃証言の不確かさと重要性

　犯罪捜査では，人間の不確かな記憶という現象をもとに捜査を進めなければならないことが多く，心理学の果たす役割が大きい分野です。目撃証言に関しては，人間の知覚とか記憶という機能を取り扱うので認知心理学という分野が，一番関連が大きいといえます。認知心理学とは，記憶，言語，イメージなどを統合的に扱う学問領域の1つとされています（髙橋・山口，2006）。しかし，心理学は，「認知」「臨床」「発達」など1つの分野で，明確に区分できるわけではなく，複数の分野の要素が複合している学問です。また，目撃証言の捜査には，目撃時の環境，事件・事故のストレス強度など，数多くの要因，それもほとんどが警察がコントロールできない要因とリンクさせて，捜査は行わなければなりません。そのため，さまざまな分野の心理学の基礎実験から得られた知識の応用や，科学的エビデンスのある面接法の開発が重要になってきます。

まず，警察が心理学の知見を必要とする理由の1つは，人間の記憶は曖昧であり，さらに暗示にかかりやすい傾向があることを知っておく必要があるということです。ベテランの刑事さんの中には，経験的に「目撃証言」の不確かさを理解している人は多く存在します。しかし残念なことに，それはその人の刑事人生における経験から体得されたものであり，科学的な実験や統計によって裏付けられた知見ではありません。心理学の役割としては，先に述べた認知心理学といわれる分野を中心に海外でも盛んに実験を行い，検討がされています。その代表的な研究者がアメリカのロフタス（Loftus, E. F.）で，彼女の数多い実験からいくつか紹介したいと思います。

　実験①では，実際にヘッドライトは壊れていないのですが，the という定冠詞をつけることにより，壊れているという前提で質問を行うと，「壊れていた」と思い込む傾向が生じるというわけです。

▼表2-1　実験①：ロフタスの壊れたヘッドライトの実験（Loftus, 1974）

目撃の刺激	多数の車が関わった事故の動画を見せる（動画には壊れたヘッドライトは写されていない）
質問条件	①「壊れたヘッドライトを見ましたか？」 （Did you see a broken headlight?） ②「壊れたヘッドライト（がありましたが，それ）を見ましたか？」 （Did you see the broken headlight?）
結果	定冠詞（the）を使用した②の質問法で多くの肯定回答「見ました」が得られた

▼表2-2　実験②：ロフタスとパーマーの動詞の変化による速度の推定実験（Loftus & Palmer, 1974）

目撃の刺激	自動車が後ろから追突する動画を見せる	
質問条件	追突した車のスピードに関して，質問で使用された5種類の動詞別（下の○○部分）に推定された速度を比較する 「後ろから○○した車のスピードは（時速何マイル）？」	
使用した動詞と平均推定速度	使用した動詞 − smashed（激突した） − collided（衝突した） − bumped（突き当たった） − hit（ぶつかった） − contacted（接触した）	平均推定速度（m/h） 40.8 39.3 38.1 34.0 31.8

実験②では，事故状況を表現する動詞を変えることで，「smashed（激突した）」と「contacted（接触した）」では，時速約9mile（15km）も推定速度が異なるという結果が示されました。このように簡単な質問表現の違いでも人間の記憶や評価は大きく左右されます。
　この2つの実験からいえることは，目撃後に誘導的な情報（この場合，質問の表現方法）を与えると，人間はその誤情報を取り込み，不正確な報告をする傾向があることが示されたということです。このような人間の認知の曖昧さを知ると同時に，質問方法の重要性が理解されます。そのため捜査面接法とよばれる科学的手法が重要になってきます。

2. 捜査面接法について

　捜査面接法には，犯罪の実行犯から適正な自供を得る面接と，事件・事故の被害者や目撃者から捜査に有効な情報を収集する面接に大別されます。どちらかというと，前者の自供を得る捜査面接法のウェイトが大きく，殺人などの重要事件の容疑者の担当官に任命されることは，刑事にとって大きな誇りとされています。よく取調べと表現されるこの分野には，心理学の介入する余地が多くあるのですが，これまで心理学が系統的に応用されることが少なく，伝統的に現場での直接体験により伝承されてきたとされています（田崎，2013）。一方，後者の目撃者などから捜査に有効な情報を得る面接法は，さらに心理学的知見の導入が遅れていたという印象があります。ここでは，前者，後者の立場に関係なく主に面接対象者から正確な情報をより多く引き出すという視点から，心理学と捜査面接の接点について論じてみたいと思います。
　面接に関しては，面接対象者の役割が重要なのはいうまでもありません。実際の捜査では「昨日，テレビで見たプロ野球の試合について話してください」という日常の一場面を報告するのとは異なり，おそらくは一生に1度くらいしか遭遇しないであろう事件・事故の状況を述べてもらうわけなので，面接対象者も一体何から話していいのかわからないだろうと思います。そのため，警察官はコミュニケーションのプロであることが要求されます。面接の対象者を警察が選ぶことはできず，高齢者，小さな子ども，そして性暴力の被害に遭遇し心に大きなトラウマを負った被害者が対象の場合もあります。当然ですが，

▼表 2-3　実務で使用される認知面接の手順（渡辺，2005 を一部改変）

面接の段階	具体的な内容
導入段階	ラポールの構築と，目撃者に面接の理解（主体的に話してもらうなど）を得る。
自由に話をしてもらう段階	目撃者がどのような形で記憶しているのか，目撃者の頭の中の記憶構造を把握する。
必要な情報を収集する段階	捜査員が知りたいことを直接質問し，さらに，目撃者が思い出せなかった記憶を喚起させる。
まとめの段階	正確な情報が収集できたか，また，目撃者が他に付け足す情報がないか確認する。
最終段階	協力への感謝と好印象を与え，今後も他に思い出したことがあれば言うように教示する。

相手の目線（視点）に焦点を合わせて話を聞く技術，要領を得ない相手の話を注意深く聞く忍耐力が要求されます。

　このような複雑な目撃捜査に関して，推奨される面接法として認知面接があります。認知面接はアメリカの認知心理学者であるフィッシャーとガイゼルマン（Fisher, R. P. & Geiselman, R. E.）が開発した面接法で，簡単に表現すると，①目撃者の記憶想起を促進して，②面接者と目撃者のコミュニケーションを最大化して，情報を最大限に引き出すというメカニズムになります。認知面接は 1980 年代から非常に数多くの実験室での基礎実験を繰り返し，その有効性が認められると，警察の協力を得て実際の犯罪捜査の面接状況が調査され，捜査員とともに効果的な面接法の試行錯誤が重ねられました（詳しくは，Fisher & Geiselman, 1992/2012）。その結果，1992 年頃に現在の原型が開発され，世界中の捜査機関で応用されてきました。

3．日本の現状

　ところで，警察という組織は非常に教育熱心な機関であり，各都道府県警察には警察学校が設置され，地方（関東地方，中部地方など）別にも管区警察学校とよばれる機関があります。また，東京には警察大学校という警察幹部を目指すための中核教育機関も存在します。警察では，研修など勉強をすることを「教養」とよび，この分野を担当する教養課という部署まで存在します。警察に就職すると，警察官・一般職（警察官以外の警察職員）に関係なく採用時の教養，また，昇

任試験などで階級が上がる（つまり，出世する）と地元の警察学校や管区警察学校，さらに警察大学校などで入校（寮に泊まって勉強をする）ことが義務づけられています。そのため，警察に就職したい人は，就職してからもずっと勉強をしなければならないということを念頭においておいたほうがいいと思います。

　今まで，筆者は多くの警察官・一般職に対して，専門的な心理学教養を警察学校や関連機関で行ってきました。その結果，感じたことですが，警察業務の大部分は，当然，人間の行動や心理を取り扱うのですが，意外と警察官は心理学に関する知識が少なく，そのせいか警察における心理学に対する興味は非常に高いという印象を持ちました。筆者が授業をする対象者は通称「刑事」とよばれる警察官が圧倒的に多いのですが「認知面接とよばれる捜査面接法を知っている人は手をあげてください」というような形式の質問をしてきましたが，誰ひとり，認知面接のような科学的面接を「知っている」と答えた人は，存在しなかったと記憶しています。この状況に関して筆者（高村，2013）は，2009年度に警部補とよばれる階級に昇任した警察官（大部分は刑事）69名を対象にして認知面接に関する授業を行った後に，認知面接に関する調査研究を実施しました。参考までに警部補という階級は，一般企業の係長と同じで，複数の部下の指導を行い，同時に重要事件が発生すると自らも取調べの担当官になることもあります。いわば，今後の警察組織の中核となる警察官です。この調査研究では，多くの項目を調査しましたが，認知面接に関する概要的な部分だけを表2-4に示しています。

▼表2-4　認知面接に関する警察官の意識調査の概要（高村，2013）

調査項目	結果	
今回の授業を受けるまでに，認知面接の存在を知っていましたか？	知らなかった	69名
	知っていた	0名
認知面接は日本の捜査に導入が必要だと思いますか？	必要である	68名
	必要でない	1名
どのような警察教養で認知面接を導入すべきと思いますか？（複数回答可）	刑事任用科（注：刑事になるための研修）	44名
	初任科（注：警察官採用時研修）	34名
	専科（注：認知面接専門の研修）	25名
	（以下の回答は省略）	

このように，警察官としては，犯罪捜査に有効な手法などは積極的に取り入れていくべきという視点を持っています。この調査は，S管区警察学校で行った調査研究ですが，他の警察機関や全国的規模の警察官を集めた研修などでも同様の印象を持っています。

しかし先にも述べたように，日本にこのような捜査面接がすぐさま導入されることはありませんでした。団塊の世代とよばれたベテラン警察官が大量に退職し警察官が若返り，さまざまな捜査技術をいかにして若い捜査員に伝承していくかの方法論が，現在の日本警察における大きな課題とされています（和智，2016）。そのような経緯もあり，わが国でも，警察が行う面接に科学の導入が求められるようになりました。2012年には「取調べ（基礎編）」が警察庁より公表され，記憶のメカニズムや認知面接を応用した記憶促進手法や，ラポール（心の通い合い）の構築，傾聴（相手を理解するコミュニケーション）技術などの重要性が強調されています。また2013年には警察大学校内に取調べ技術総合研究・研修センターが設立され，今後の取調べ研修・訓練の方向性が田崎（2013）で示されました。これによると，まず，①取調べに関連する心理学の知見を理解して，さらに②ロールプレイ（模擬取調べ）を積極的に取り入れ，「人の話を聴く技術（コミュニケーションスキル）」に重点を置いた演習を行い，さらにロールプレイの様子をできるだけ録音・録画して，演習終了後にその様子を再生して，評価できる点，改善すべき点をグループ討議でフィードバックする方法論が提示されています。

また，最近は質問法の重要性についても検討がされています（e.g., 和智，2016）。特に誘導質問といわれ，捜査側が別の目撃者から把握している情報を，たとえば「犯人は登山ナイフをつきつけたのですよね？」のような形式で，別の目撃者にすぐさま確認する質問法があります。この形式の質問を警察官のような権威を有する人に聞かれると，面接対象者は「はい」と反射的に，肯定の返答をする可能性が高くなります。また，実際の凶器が「包丁」の場合，先の「登山ナイフ」の質問は誤誘導質問であり，この質問に対して，目撃者が機械的に「はい」と答えると，警察は真実とは異なる情報で捜査を行わなければなりません。警察官が間違った情報を収集しないためにも，警察官の質問の方法は重要です。質問法は基本的に「あなたが見た事故を自由に

喋ってください」「あなたが見た犯人について何でも話してください」というような形式の質問が奨励されています。この質問は, 通称「オープン質問」という名称の開かれた質問法であり, 豊富な情報量の回答が期待されます。また, 面接対象者の自由な回答に依存するために, 面接者はある意味, 忍耐強く話を聞く姿勢が要求されます。一方「クローズ質問」は「はい・いいえ」で答える形式や,「犯人の上着は何色でしたか?」といった短いひと言で回答が行われる閉ざされた質問法であり, まだ言及されていない特定の項目に関する詳細情報を引き出す場合に有効です。以下, 表 2-5 では質問法の種類について示しています。

一般に質問は⑤から①に向かうにつれて回答の自由度が大きくなり, 同時に誘導性が小さくなります。そのため, できるだけ①自由再生質問②焦点化質問を利用することが望ましいとされています（和智, 2016)。

このように, わが国でも, 今まであまり検討されなかった捜査面接という科学的手法と訓練法が導入されました。増田・和智（2018）の最新の調査研究では, 警察官に取調べ研修をする前後の面接の効果が調査されています。その結果, 短期間の訓練を受けただけで, ①獲

▼表 2-5　質問方法の種類（和智, 2016 を一部改変)

質問法	質問の概要	質問の例
①自由再生質問	取調官の介入がないまま, 対象者に出来事の詳細を自由に話してもらう質問法	その時, 見たことについて話してください。
②焦点化質問	対象者が話した情報について付加的詳細情報を求める「いつ」「どこで」「誰が」「何を」「どのように」「どうした」など 5W1H 型の質問法	あなたは, 犯人が被害者を殴っているのを見たと言われましたが, どの部分を殴っていましたか?
③選択式質問	複数の選択肢の中から1つの回答を選ぶように尋ねる質問法	その車は, 黒でしたか, 紺でしたか, それとも別の色でしたか?
④はい・いいえ質問	はい・いいえで答えられる質問法	その車の色は黒でしたか?
⑤誘導質問	対象者の回答を取調官が期待している方向に導く質問法	逃げた車の色は黒だったのですよね?

得情報量とオープン質問が増加して，②発問数とクローズ質問が減少していることが示され，研修の効果が証明されています。

4. 最後に

　先に述べたように捜査面接は，面接の対象者によっても考慮されることが大切です。知的障害（和智，2011）に対する面接は虚偽自白や質問法による誘導に配慮するなど，通常の面接以上に配慮が要求されます。さらに，子どもに関する面接に関しても，最近は司法面接（仲，2011）とよばれる科学的面接法が積極的に活用されています。このように，わが国の警察・司法機関における各種面接にも科学的な知見が盛り込まれて，新たな展開を迎えつつあります。日本人は，昔から，自動車やコンピューターなど海外で開発された技術を導入して進化させていく能力が高いということは，いまさら説明は不要だと思います。この現象は，犯罪捜査に応用する科学手法に関しても同様であり，心理学的手法に限定しても，ポリグラフ検査やプロファイリングなど，海外から導入した手法が日本の土壌に合わせて発展・展開させ大きな成果を得ています（詳しくは，渡邊・高村・桐生，2006；平・中山・桐生・足立，2000）。

　この点，捜査面接も例外ではないと思われますが，ポリグラフ検査や犯罪者プロファイリングなどは主に科学捜査研究所に所属する心理学等の専門家により実施・研究される手法（注：犯罪者プロファイリングは警察官によっても分析が行われています）ですが，捜査面接は，わが国の全警察官が個々の視点から取り組むべきテーマでないかと思います。「取調べ（基礎編)」などで示された面接手法では，対象者とのラポールや傾聴技術などのカウンセリングの基本技術が取り入れられています。これらの手法は対象者から最大限の情報を引き出すというだけでなく，結果的に，警察官のコミュニケーション能力と警察への信頼感を高めるという意味でも有効でないかと思われます。

現場の声 3

ポリグラフ検査：記憶を検出する質問法

● 司法におけるポリグラフ検査

ポリグラフ検査とは，生理活動を記録するポリグラフという装置を用いた心理検査です。とりわけ，日本の司法におけるポリグラフ検査とは，警察が犯罪捜査において実施するものを指し，刑事訴訟法や犯罪捜査規範という法律等に基づき実施される鑑定技術です。全国の警察では，年間 5,000 件程度実施されています（Osugi, 2011）。ポリグラフ検査による鑑定結果は，裁判において証拠とすべきかどうか評価を受けることもあります。

● 検査を行う人

警察においてポリグラフ検査を行うのは，大学において心理学等の専門知識を学び，各都道府県警察本部に設置された科学捜査研究所に配属された人々です。また，ポリグラフ検査は鑑定技術であるため，科学捜査研究所に採用された後，科学警察研究所法科学研修所において一定期間研修を受け，専門試験に合格した人にのみ，検査を行う資格が与えられています。

● ポリグラフ検査では何を検査しているのか

もともと，司法におけるポリグラフ検査の活用は，アメリカで始まりました。ポリグラフ検査は，アメリカのみならず，日本においても長らく嘘を見抜く検査と考えられてきました。今でも，アメリカでは嘘発見器という考え方をしており，嘘特有の生理反応があるとしています。しかしながら，嘘発見に関する心理生理学的な研究が進むにつれ，質問に対して生じる生理反応は，嘘特有のものではないという見解が正しいことが判明しました（財津，2014）。

現在の日本におけるポリグラフ検査は，事件に関する詳細な質問に対して生じた生理反応を利用し，検査を受ける人が事件の内容について知っているかどうかを判断する記憶検査の一種と位置づけられています（小川・松田・常岡，2013）。

● 記憶があることを生理反応からどのように判断するのか

日本のポリグラフ検査では，適切な質問方法を用いることによって，事件に関する詳細な内容について，検査を受ける人が知っているかどうかを判断します。適切な質問方法とは，犯人であれば事件に関する詳細な内容であることを見分けられ，犯人でなければ見分けられないように，同一の

「絞殺方法」	「凶器の処分方法」
①ロープを用いましたか	①隠しましたか
②ベルトを用いましたか	②渡しましたか
③ネクタイを用いましたか	③売りましたか
④タオルを用いましたか	④捨てましたか
⑤スカーフを用いましたか	⑤埋めましたか

ポリグラフ検査における質問方法（Osugi, 2011 を編集）

概念を意味する質問項目を工夫して組み合わせた質問表というものを作成することです。

たとえば，殺人事件の場合，日本のポリグラフ検査では，次の図のような組み合わせで質問表を作成します（Osugi, 2011）。この質問方法は，海外の専門家にも通用する専門用語で，隠匿情報検査法（Concealed Information Test: CIT）あるいは有罪知識検査法（Guilty Knowledge Test: GKT）等，いくつかの名称でよばれています（松田，2016a）。

図の左側の質問表における①から⑤までの質問項目は，すべて絞殺方法という同一の概念で構成されています。同じように，右側の質問表における①から⑤までの質問項目は，すべて凶器の処分方法という同一の概念を示す内容になっています。それぞれの質問表について，実際の事件に関係している内容は1項目であり，それ以外の項目は実際の事件と関係ない内容にします。

このような質問表を実施した場合，実際の事件の内容を知っている人であれば，質問表の①から⑤までのうち，どれが正解かを指摘できます。一方，実際の事件の内容を知らない人は，正解を正確に指摘することが難しいことになります。実際のポリグラフ検査では，それぞれの質問表について，①から⑤までの質問項目の順序を毎回変えて何度か尋ねながら，各質問項目に対して生じた生理活動を記録していきます。現在，日本のポリグラフ検査で記録している生理反応は，呼吸運動，皮膚コンダクタンス，心拍数，規準化脈波容積とよばれる自律神経系のものです。実際の事件の内容を知っている場合，検査を受けている人の呼吸は遅く浅くなり，皮膚コンダクタンスは大きくなり，心拍数や規準化脈波容積は小さくなります（松田，2016b）。この生理反応は，意味のある刺激がたまに示されるときに生じる定位反応とよばれるものに似ています。たとえば，図の左側の絞殺方法について知っている人は，質問表のうち正解が5回に1回程度しか提示されない，意味のある刺激であるため，定位反応が生じると考えられています。

● 検査を受ける人

　ポリグラフ検査を行う際には，検査を受ける人の承諾書が必要です。検査を受けるか受けないかは，検査を受ける人が決められます。また，検査の際に，警察官等が同席することがあります。ポリグラフ検査を受ける人は，犯罪に関与したことが疑われている容疑者や事件に何らかの関係があると考えられた人等に限られます。実際の容疑者等には，犯人である人もいれば，犯人ではない人もいます。先ほど述べたように，ポリグラフ検査は記憶検査の一種です。特に，呼吸に生じる生理反応は，単に事実を知っているかどうかだけではなく，事件の事実を知っていることを隠したいという意思の強さに関係していると考えられています（Matsuda, Nittono, & Ogawa, 2013）。

　また，もし図に示した事件の詳細内容が，ニュース等で世間に知られている場合には，犯人以外の人でも特有の生理反応が生じるため，それらの内容はポリグラフ検査の質問項目として使用しません。

● 質問表の作成方法

　ポリグラフ検査の質問項目は，世間に知られていない事件の詳細であれば，何でもよいわけではありません。適切な質問項目を選ぶためには，犯人であれば記憶している可能性が高い事件の内容，質問項目の候補となった事件の内容に関係した目撃証言の信頼度を評価するなど，人間の記憶の仕組みについて考慮することが必要になります。特に，犯人であれば，質問表の質問項目を示された際に，すぐに事件に関する内容を見分けられなければなりません。ここで重要となるのが，再生と再認という記憶の性質です。たとえば，図の絞殺方法の質問表を例にすると，「絞殺方法は何ですか」と質問されたときに，検査を受ける人が正解を思い出せれば再生です。一方，「絞殺方法は何ですか」と質問されたときに，正解を思い出せなかったが，①から⑤の絞殺方法の選択肢を示した際に，正解を思い出せれば再認となります。つまり，ポリグラフ検査では，人間の再認記憶を検査しているといえます。

● 事件に関する記憶を追い求めて

　事件に関する記憶の種類は，エピソード記憶と意味記憶に大きく分けることもできます。エピソード記憶とは，事件における出来事の時系列的な流れです。意味記憶とは，事件に登場する事物の名称や知識といえます。ポリグラフ検査では，報道された事実や噂で広まった事実を除く，事件に関するあらゆる内容が質問項目になりえます。たとえば，強盗事件ならば，犯人と被害者の行動や言動，凶器の種類・入手方法・処分方法，凶器の使用場所，被害品の種類，被害品の保管場所，逃走手段，逃走方向などがあ

げられます（平, 2011）。

　犯人であれば記憶している可能性が高い事件に関する情報は，捜査書類等の精査，捜査員等への聴取，事件現場の観察等を通じて収集します。実際には，おおむね4から7個の質問表を作成して検査を行うのが一般的です。事件内容に関する記憶の判定は，「記憶の有無を推定する」という表現を用いて，それぞれの質問表について行います（小林・吉本・藤原, 2009）。ただし，犯人以外の人であっても，何らかの理由で詳細な事件内容を知ってしまうことは，現実にありえます。そのため，検査を行う人は，用意した質問表に関する知識について，検査を受ける人に対して慎重に確認し，検査を受ける人が知らないと確認できた質問表のみについて，それぞれ記憶の有無を推定しています。

　日本で実施された隠匿情報検査のうち，検査後の捜査活動によって記憶の有無が確認された事例を検討した研究があります（小川・松田・常岡, 2014）。この研究によれば，実際に記憶があった場合に，「記憶あり」と判断されたのは95％でした。逆に，実際に記憶がない場合に，「記憶なし」と判断されたのは98％でした。これは，ポリグラフ検査結果の正確性を示す目安の1つになります。

● 裁判におけるポリグラフ検査の鑑定結果に対する評価

　裁判においてポリグラフ検査の鑑定結果が証拠として提出される数は，決して多くありません。裁判官からみた場合，警察の捜査段階で犯人の可能性が高い人を絞り込む手法としては一定の有用性はありますが，裁判における証拠としては補助的に扱うべきと考えられています（内田, 2016）。これは他の鑑定も同様です。たとえば，ある人の指紋が犯罪現場から発見されたからといって，すなわちその人が犯人と断定されるわけではなく，1つの事実として総合的に審理されます。日本のポリグラフ検査は，世間に知られていない記憶の有無についての鑑定結果であり，犯人かどうかは，他の事件に関する証拠等も考慮したうえで，最終的には裁判の場において検査の経過や結果の証拠価値が判断されることになります。

第3章

鑑別／裁判における司法・犯罪心理学

活かせる分野

1節　少年鑑別所：鑑別とは

1. 少年司法制度の前提：なぜ成人とは扱いが異なるのか

　テレビやインターネットを見ると，少年非行に関するニュースがたくさん流れています。こうしたニュースを見聞きして，皆さんは何を思うでしょうか。公共の安全という観点でみると，少年非行は「社会の秩序を乱し他者の権利を害する行為」（吉村・森，2013）にほかなりません。被害者からみれば，少年非行は加害行為であり，厳罰を望む意見が出るのも無理はありません。

　一方，福祉という観点でみると，少年非行は，「資質面や環境面で何らかの問題を抱えている少年たちが，うまく社会に適応できないゆえに起こしている不適応行動」（吉村・森，2013）ととらえることができます。実際，非行少年の中には，貧困や虐待，複雑な家族関係などの環境面の問題に苦しんでいる者が少なくなくありません。十分な愛情や教育を受けられなかったり，生まれ持った特性に対するケアが十分になされなかったりして，困難な状況に置かれ続けた結果，二次障害といわれるような問題行動に及ぶようになった少年も見受けられます。このように，必要な保護や教育が受けられず，生きづらさを抱える少年が，非行という形でSOSを出しているのだとしたら，成長の可能性が残されている少年のうちに，本来受けるべき保護や教育の

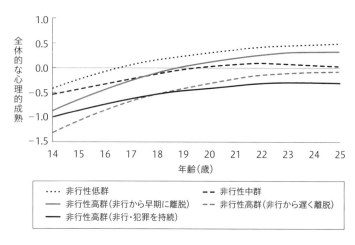

▲図 3-1　非行性の進度および非行からの離脱と心理社会的成熟との関連
（Monahan et al., 2013 の Figure4 を一部改編）

機会を設けて資質や環境の問題を解消し，うまく社会に適応できるよう方向付け，再非行の防止を目指そうというのが福祉的な観点です。この考え方に基づいて，少年の司法・矯正制度はつくられています。

　実際，14 歳から 17 歳の非行少年 1,345 名を長期的に追いかけ，その心理社会的成熟と非行との関係を調べた海外の研究では，心理社会的に未熟な少年ほど非行を反復する傾向があるものの，そうした少年であっても，心理社会的な成熟が十分に進めば，非行をしなくなることが明らかになっています（Monahan et al., 2013；図 3-1）。一方，非行を反復する少年のうち，10 代の頃に心理社会的な成熟がほとんど進まなかった者は，将来的に非行・犯罪を繰り返すという結果も示されています。この研究結果からうかがえるように，身体的・心理的・社会的に未熟な 10 代のうちに適切な保護や教育を与えることは，長期的にみれば，効率的に再非行を防止し，被害や社会的損失を防ぐことにつながるのです。

2．少年鑑別所とは

　少年鑑別所は，家庭裁判所で観護措置などを執られた少年を収容し，審判（成人でいうところの裁判）の資料とするための「鑑別」とよばれるアセスメントを行う，法務省管轄の矯正施設です。少年鑑別所は，

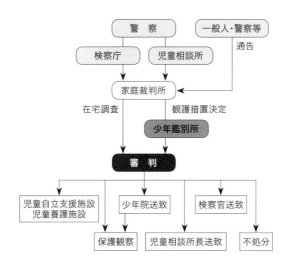

▲図3-2 少年審判と処遇の流れ（法務省ホームページの図を一部改編）

各都道府県の県庁所在地など，全国52か所（分所1か所を含む）にあります。少年の司法手続きにおける少年鑑別所の位置づけについては，図3-2をご覧ください。

　成人の裁判は犯罪に対する刑罰を決めることを目的としており，成人事件の裁判の手続きの中には，情状鑑定や精神鑑定が個別的に実施される場合を除いて，犯罪の原因を探るという過程は含まれません。一方，少年の審判は，少年が立ち直り，健全に成長していくために必要な処分を決めることを目的としており，その目的を果たすためには，少年の能力や性格，心身の状態，非行性，生活環境に関する問題点の分析が欠かせません。少年の特性や非行につながる問題点をアセスメントする少年鑑別所は，まさにわが国の少年司法ならではの施設なのです。

3．鑑別とは

　鑑別とは，医学，心理学，教育学，社会学などの専門的知識や技術に基づいて，非行少年をはじめとする鑑別対象者の資質および環境の問題を明らかにし，その問題を改善し，再非行の防止を図るための適切な指針を示すことを指します。
　鑑別には，以下の種類があります。

(1) 収容審判鑑別

　少年鑑別所に収容された少年に対して，審判のための鑑別を行うことを，収容審判鑑別といいます。たいていの場合，審判期日までの通常4週間程度の間に収容審判鑑別を行います。

　少年鑑別所では，鑑別担当者に指名された心理職（心理技官）が，行動観察を担当する法務教官（観護教官），心身の状況を調べる医務課職員と連携しながら収容審判鑑別を行います。少年鑑別所に入所してから審判までの収容審判鑑別の流れは図3-3のとおりです。

　少年鑑別所に入所後，数日以内に初回面接と集団方式の心理検査が行われます。そして，行動観察も参考にしながら，どのように鑑別を行うかという方針が決定され，この鑑別方針に基づいて，その後の鑑別面接や個別方式の心理検査が実施されます。発達障害や精神障害，身体的な問題が疑われる場合は，医師による診察も行われます。生活場面や保護者などとの面会場面の行動観察，日記や課題作文等における記述内容，家族画などの作品，家庭裁判所から提供される情報などは，少年を多面的に理解するための資料として鑑別や医師の診断に活用されます。

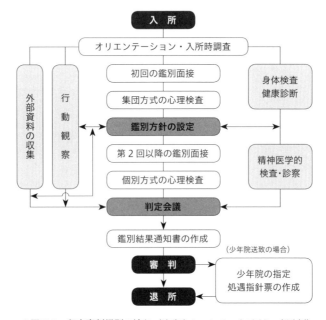

▲図3-3　収容審判鑑別の流れ（法務省ホームページの図を一部改編）

以上の重層的・多角的なアセスメントの結果は，少年鑑別所長が主催する判定会議において，少年の資質面・環境面の問題点や，非行の進み具合，保護の必要性など，少年の改善更生に必要な事項を検討する際に活用されます。そして，判定会議の内容は，立ち直りのための具体的な処遇指針を含む鑑別結果通知書としてまとめられ，家庭裁判所に提出されます。

(2) 指定鑑別
　審判で少年院送致決定に付された少年には，少年の能力や性格，非行の進み具合などに応じた少年院を決めるために，指定鑑別が実施されます。指定鑑別の結果に基づいて作成された処遇指針票は，送致先の少年院に引き継がれ，在院中の処遇に活用されます。
　なお，保護観察に付された少年の場合は，鑑別結果通知書などの資料が保護観察所に送付され，処遇の参考にされます。

(3) その他の鑑別
　少年鑑別所に収容されずに審判を受ける少年に対しては，在宅審判鑑別とよばれる鑑別が実施されることがあります。また，少年院に送致された少年に対しては，処遇効果の検証や処遇指針の策定などを目的とした処遇鑑別が行われます。刑事施設，保護観察所，児童自立支援施設などの依頼に応じて，面接・調査，心理検査などが実施されることもあります。

4．鑑別を支える心理学の技法
　鑑別では，心理学の知識やスキルが数多く用いられています。ここでは，ケースの見立て，心理検査，面接を例として紹介します。

(1) ケースの見立て
　「見立て」は，カウンセリングなどで使われる用語ですが，鑑別においては，鑑別の中で収集した情報から少年の臨床像を形作り，非行に関連する資質と環境の問題点についての仮説を立て，処遇の見通しを持つ作業を指します。
　鑑別では，臨床心理学を中心に，発達心理学や社会心理学など心理

学の知識に基づいて情報を収集し，見立てを行っていきます。しかし，少年鑑別所には，精神障害，発達障害，自傷，引きこもり，虐待や犯罪などの被害体験，生活保護，外国籍など，多岐にわたる特性を持つ少年が入所するため，適切な見立てを行うためには，心理学だけではなく，法律・医療・福祉・教育から，非行の手口，不良文化に至るまで多領域にわたる幅広い知識が必要です。

（2）心理検査

　少年鑑別所では，少年の能力や特性を客観的にとらえるために，集団方式の心理検査と個別方式の心理検査を行います。入所後すぐに実施される集団方式の心理検査は，鑑別対象者全員に実施されるもので，知能検査，性格検査，態度検査，発達障害のスクリーニング検査などで構成されています。

　個別方式の心理検査は，集団方式の心理検査の結果や面接，行動観察などを踏まえて，必要に応じて実施されます。たとえば，WISC-IV や WAIS-III，KABC-II などの知能検査であれば，パズルやクイズ形式の課題を通して，言葉や動作を操る力の得意・不得意を調べます。ロールシャッハ・テストや TAT などの投映法であれば，絵が描かれたカードを見せ，その絵について教示に沿って自由に説明してもらうことを通して，少年の物のとらえ方や心の状態などを探ります。ほかに，描画法（紙に絵を描く形式の心理検査）であればバウム・テストなど，質問紙検査（アンケート形式の心理検査）であれば東大式エゴグラムなどが，少年鑑別所でよく実施されています。画面に映し出される映像を見ながら自動車のハンドルを操作してもらうことによって，運転適性を調べる運転適性検査（CTR）が実施される場合もあります。

　さらに，2013 年からは，法務省式ケースアセスメントツール（MJCA）が鑑別対象者全員に対して実施されています。MJCA は，全国の少年鑑別所に入所した約 6,000 人の少年の追跡調査から得られたデータに基づいて開発された，少年の再非行の可能性や教育上の必要性を把握するためのツールです。MJCA は，面接や行動観察などから得られた臨床的な情報を実証的な根拠に基づいて整理し，少年の問題を的確に把握することに役立つことから，精度の高い鑑別を行ううえで欠かせません。

(3) 面接

　面接は，鑑別の中で最も頻繁に用いられる技法です。面接室の中，少年と机を挟んで向かい合って座り，カウンセリングと同様に，少年に寄り添う傾聴の姿勢を示しながら，生育歴においていつ，どこで，何があったかという事実や，それぞれの状況で少年が何を感じ，何を考えたかという主観的な体験など，鑑別に必要な情報を幅広く聴取します。そして，少年の臨床像を形作り，非行に関連する資質と環境の問題点を浮き彫りにするために，面接を通して何度も，少年の特性や非行に至った原因に関する見立てを検証・修正します。中には，強がってぶっきら棒な態度を示す少年や，多くを語らず塞ぎ込む少年もいますが，大抵の場合は，関係を築く中で，本音を語り始めることが少なくありません。また，仮に，少年が本音を語らなくても，面接中の態度や表情，声の調子などの非言語的な情報から，少年の本音を察することや少年らしさを理解することはできることから，無理に情報や語りを引き出そうとはせず，少年の主体性やありのままの姿を尊重することが大切です。

　もちろん鑑別以外の目的で面接が行われることもあります。たとえば，少年の自傷・自殺，逃走，暴行などのリスクを把握したり，落ち着かなくなった少年の気持ちを安定させたりすることを目的として面接することがあり，こうした面接は，観護教官が担う少年鑑別所の収容機能を支えています。また，鑑別のための情報収集や仮説検証の過程を通して，少年の気持ちや考えが整理され，新しい気づきがもたらされるという副次的な効果が表れることがあり，面接は，少年が審判に向けた準備を進めるための一助にもなっています。

5. 鑑別を支える収容機能と観護処遇

(1) 少年鑑別所の収容機能と観護処遇

　少年鑑別所と聞くと，ドラマや映画で見られるような，暗く，閉ざされたイメージを持つ人が多いかもしれません。しかし，実際の少年鑑別所では，収容されている少年が安心して審判を迎えられるように，明るく静かな環境の中で，栄養バランスのとれた食事を提供し，十分な運動の機会を設けるなど，少年が規則正しい健康的な生活を送ることができるよう配慮しています。また，健全な育成のために，学習教

室を開いたり，学習図書を含めさまざまな種類の図書を貸出したりしており，少年鑑別所で初めて学ぶ喜びや活字に触れる楽しさを経験したという少年もいます。保護者や学校の先生などとの面会や通信（手紙のやりとり）を通して，親の大切さを実感したり，学校の先生などに感謝の気持ちを抱いたりすることもあれば，親と言い合いになるなど，うまくいかない経験をすることもありますが，いずれの場合も，観護教官や心理技官のフォローによって，自分を振り返る機会になるよう方向付けられます。こうした収容に伴う適切な観護処遇があり，少年が心穏やかに生活できるからこそ，適切な鑑別を行うことが可能なのです。

(2) 少年鑑別所収容に伴う副次的な効果

少年鑑別所は審判を控えたいわゆる未決の少年を収容し，鑑別するための施設であるので，非行性を除去するための働きかけは行いません。しかし，少年鑑別所において，審判に対する不安を抱えながらも規則正しい健康的な生活を送り，鑑別の過程で自分について振り返り，観護処遇を通して健全な価値観に触れることなどによって，行動や態度を変化させる少年は少なくありません。実際，少年鑑別所に入所した直後と退所する直前の少年の行動や態度を比較した研究の結果，在所中に，少年鑑別所の生活に適応するための行動だけでなく，「自分の悪いところを認めること」「家族に自分の本音を伝えること」「現在の自分について考えること」などの自主的・能動的な行動も顕著に増えていました（大江，2011）。ありのままの自分を受容し，目標を実現しようとする態度や，家族に対する親和的な態度も強まっていました。このような少年鑑別所でとらえられた少年の変化は，少年の立ち直りのきっかけや改善の可能性を検討するための鑑別の資料として活用されています。

6．鑑別のスキルを生かす仕事の広がり

(1) 地域援助：鑑別のスキルを地域の援助に生かす

少年鑑別所では以前から，収容審判鑑別に支障のない範囲で，一般の人や関係機関などの依頼により，非行やその周辺の問題行動に対する鑑別や心理相談を行ってきました。2015年6月に少年鑑別所法が

施行され，一般の人からの心理相談などが地域援助業務として本来業務に位置づけられてからは，法務少年支援センターとして，これまで以上に地域社会の中で非行や発達上の問題などを抱える者に対するアセスメントや助言を積極的に行っています。

地域援助業務では，児童福祉機関や教育機関などと連携しながら，地域社会における非行・犯罪の防止や，健全育成に資する活動なども行っています。これらの業務は，非行や犯罪などに関する知識や鑑別のノウハウを地域社会における非行少年に対する指導や介入に生かそうとする画期的な取り組みといえます。

(2) 処遇の効果検証：鑑別のスキルを研究に生かす

近年，少年鑑別所における鑑別のノウハウを，少年矯正のアセスメントの精度や教育効果を検証するための研究に応用する取り組みも始まっています。

実証的根拠に基づく鑑別・処遇を推進することを目的として，少年矯正における効果検証を組織的に行う体制作りが進められ，2016年に少年鑑別所と少年院において効果検証班が，2019年に矯正研修所効果検証センターが正式に発足しました。少年矯正の効果検証班は，少年鑑別所の鑑別のノウハウと少年院の教育のノウハウを融合させて，国民に対する説明責任を果たせるような鑑別・教育が実施されているかどうかをチェックする役割と，より精度の高い鑑別やより効果的な教育を行ううえでの改善点を見つける役割を担っています。また，効果検証の結果を現場の職員にフィードバックし，必要な研修を実施することを通して，職員のスキルアップにも貢献しています。

7. 少年鑑別所における心理学と仕事

本節では，鑑別という切り口から少年鑑別所の機能や役割について紹介しました。少年鑑別所は，少年司法手続きの中では，アセスメント機関という役割を担い，社会の中では，地域の非行・犯罪の防止や健全育成に関する活動に取り組むトリートメント機関という役割を担っていますが，どちらの役割も，基盤には，鑑別の視点とスキルが不可欠です。

その鑑別を適切に行うためには，査定者としての客観的な視点と少

年の立場にたった主観的な視点，科学的な視点と臨床的な視点，心理学の視点と他領域の専門的視点をバランス良く融合させる必要があります。少年鑑別所の内外の他の職種と連携し，協働する力も求められます。そして，これらの専門的なスキルは，鑑別を通して，少年と被害者を含む社会の双方のウェルビーイングを求めることに生かされます。このように専門性が高く，対人援助や社会貢献につながる鑑別は，間違いなく心理職としてやりがいのある仕事です。

2節　裁判所：裁判員制度と量刑判断
1. 裁判員制度とは

　裁判員制度は，2004年5月に「裁判員の参加する刑事裁判に関する法律」（平成16年法律第63号）が成立し，2009年5月から導入された「20歳以上の国民の中から無作為に選ばれた一般市民が，刑事裁判に参加する制度」です。裁判員は，刑事裁判の審理に出席して証拠を見聞きし，裁判官と対等な立場で議論して，被告人（裁判にかけられた犯罪者）が有罪かどうかを判断します。有罪の場合には，どのような刑罰を与えるのかを法律に定められた範囲内で判断することになります。裁判員制度の対象となるのは，殺人罪，強盗致死傷罪，傷害致死罪，現住建造物等放火罪，危険運転致死罪，身代金目的誘拐罪などの重大犯罪の疑いで起訴された事件です（「裁判員の参加する刑事裁判に関する法律」（平成16年法律第63号））。

　この裁判員制度を導入することで，「国民の持つ社会常識が裁判結果に反映されること」や「国民の司法に対する理解・支持が深まること」が期待されています（「裁判員の参加する刑事裁判に関する法律」（平成16年法律第63号））。このような一般市民が裁判に参加するという制度は，アメリカやイギリス，フランス，ドイツ，イタリアなどでも導入されています。

　有名なものはアメリカやイギリスの陪審制度だと思います。陪審制度と裁判員制度では，いくつか異なる点があります。たとえば，陪審制度では評議には裁判官は参加せず，陪審員のみで話し合いますが，裁判員制度では裁判官と一緒に話し合います。評決は，陪審制度は全員一致でなければなりませんが，裁判員制度では全員一致に至らない

場合は裁判官を含めた多数決で決定を行います。判断内容は，陪審制度は有罪・無罪だけを決めますが（国や州で若干の違いはある），裁判員制度では有罪か無罪だけでなく，有罪の場合には刑の重さまでを判断（量刑判断）します。ほかにも評議への参加人数などの違いもありますが，一般市民が専門家（裁判官）と対等な立場に立って一緒に判断する，一般市民が量刑判断までも行うという点が，裁判員制度の大きな特徴です。

2．裁判員の仕事

　裁判員に選ばれた場合には，大まかには以下のような仕事を行います。

(1) 公判（審理）：公開

　裁判員として裁判に参加すると，まず裁判官と一緒に公判に立ち会います。公判では，裁判の対象になる事実関係や法律関係について取り調べて明らかにします。検察官や弁護人が証拠書類を取り調べるほかに，被告人や証人に対する質問が行われます。検察官の論告求刑もここで行われます（裁判所に対してどのような罪名で，どのような刑罰を科すべきであるのかの最終的な意見）。裁判員から被告人や証人に質問することも可能です。事件によっては，被害者が裁判に参加する場合もあります（被害者参加制度）。

(2) 評議・評決：非公開

　証拠を調べ終わると，次は証拠に基づいて被告人が有罪なのか無罪なのか，有罪ならばどのような刑を与えるべきなのかを裁判官たちと議論し（評議），決定（評決）します。裁判員の意見は，基本的に裁判官と同じ重みを持ちますが，裁判員だけによる判断では被告人にとって不利な判断（つまり，有罪か無罪かの判断の場面では有罪）に決定することはできません。有罪判断の場合は裁判官1人以上が多数意見に賛成していることが必要となります。

(3) 判決の宣告：公開

　評決に至ると，法廷で裁判長が判決を宣告します。判決の宣告が終わると裁判員としての役割はすべて終了となります。

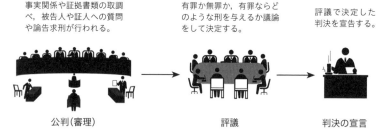

▲図 3-4　裁判員の仕事の大まかな流れ

詳しくは、裁判所などのホームページを参照してください。

3. 量刑判断とは

　量刑判断とは、宣告すべき刑（の種類や重さ）を決定することです。日本は法定刑（刑罰法令において、それぞれの罪に対応して規定されている刑の重さ）の幅が比較的広く、たとえば殺人罪の法定刑ですと、死刑または無期懲役もしくは5年以上の懲役です（刑法第199条）。強盗致傷罪ですと、無期懲役または6年以上の懲役です（刑法第240条）。つまり、量刑判断は、それぞれの罪において○年～○年といったように量的に幅がある判断です。さらに、量刑判断の中には、有罪と判断されたとしても執行猶予（有罪判決を受けた者について、情状によって刑の執行を一定期間猶予し、問題なくその期間を経過すれば刑を科さないこととする制度）をつけたり保護観察をつける場合もありますので、非常に幅広い選択肢の中から判断を行うこととなります。

　量刑は、その刑の重さによって、被告人の更生の可能性、被害者の納得感、さらには社会的秩序の維持などを左右しますので、非常に重要なものです。

4. 量刑判断の基準

　量刑判断を行う際の基準としては、改正刑法草案第48条2項において、以下のように示されています。

　　1）刑は、犯人の責任に応じて量定しなければならない。
　　2）刑の適用にあたっては、①犯人の年齢、性格、経歴及び環境、②

犯罪の動機，方法，結果および社会的影響，③犯罪後における犯人の態度その他の事情を考慮し，犯罪の抑制および犯人の改善更生に役立つことを目的としなければならない。
3) 死刑の適用は，特に慎重でなければならない。

　以上の法律に示された基準に照らし合わせることも難しい判断と考えられます。たとえば，事件の責任の程度をどのように判断するのでしょうか。そして，どの程度の責任ならばどの程度の量刑の重さにするべきなのでしょうか。次に，年齢については数字で表すことができますので基準は設けやすいかもしれませんが，性格や犯行後の態度といったものの強度や質をどのように判断するのでしょうか。また，たとえば年齢は同じでも家庭環境や事件の背景，性格は人それぞれ異なります。裁判ではさまざまな事柄について慎重に吟味していかなければなりませんので，裁判員の量刑判断は相当な困難を要することが予想されます。

　また，物事の考え方には個人差があります。そのため，一人で決定するのなら，もしかすると個々人の意見は個々の価値観で比較的すぐに決まるかもしれません。しかし，裁判員裁判では複数で判断をしますので，価値観などの違いで意見がバラバラになり，結果がなかなかまとまらないかもしれません。

　しかも，裁判員は法律の専門家ではありません。裁判員制度の開始前から「法の素人である一般市民に適切な量刑判断を行うことができるのか」ということが指摘されていました。これ以降では，量刑判断に関連する心理学研究の結果を踏まえながら，一般市民の量刑判断の傾向について考えていきます。

5．一般市民の量刑判断について

(1) 一般市民の量刑判断は直感的で，応報的

　基本的に一般市民の量刑判断の傾向は直感的であり，その直感は「応報的である」と指摘されています（e. g., Darley et al.,2000; 綿村ら,2010）。応報とは，悪行に対する相応の報いとして罰を与えようとする心理を意味します。その事件（犯罪）が重大なものであればあるほど厳しい刑罰を与えるということになります。たとえば，傷害事件＜殺

人事件，被害者が1人＜複数，被害金額が3万円＜30万円のように事件の重大性によって刑罰の厳しさが決まるということです。しかし，事件の重大性の評価は被害の重大さなどの客観的なものだけで決まるわけではなく，判断者の主観的な評価で決まることも指摘されています（e.g., 綿村ら，2010）。たとえば，過失致死事件＜殺人未遂事件といったように，結果よりも犯行の悪意が重大性の評価を高めることもあります。これら量刑の直観的，応報的な判断については綿村（2013）が詳しくまとめていますので，ぜひ参考にしてください。

(2) 当事者に関する情報の影響

　先ほどの「応報」の話が，「どのような内容（犯行内容や結果）の事件なのか」だとしたら，この当事者の話は「どのような人がそのような事件を起こした（被害に遭った）のか」ということです。両者ともに当たり前のように必要な情報だと思われるかもしれませんが，前者は極端にいうと事件の内容（犯行内容や結果）にのみ着目するとすれば「罪を憎んで人を憎まず」といえます。後者は同じ事件でも誰が起こした（被害に遭った）のかに着目することになるので，同じ事件でも当事者によって量刑に差が生まれるという観点になります。

　では，事件の当事者についての情報として，皆さんはどのようなものに注目し，知りたいと思うでしょうか。たとえば，職業などの「属性」があげられると思います。風間（1998）は，被告人と被害者が口論となり，被告人が被害者を突き飛ばしたところ被害者が頭を机の角にぶつけて結果的に死亡させてしまった被害が深刻な事件と，怪我をさせただけで済んだ被害が軽い事件の2つを設定しました。それに加え，被告人の職業を高地位な職業として「内科医」を，低地位な職業として「書店の店主」の2つを設定して量刑判断を行わせました。その結果，被害が軽微な事件では，職業の社会的地位の高低で量刑の重さに差はありませんでしたが，被害が深刻な事件では，社会的地位が高い場合よりも低い場合の被告人に対する量刑が重く判断されました。

　また，山岡・風間（2004）は，被害者の職業の否定的要素を操作した実験を行っています。山岡・風間（2004）は，最も否定的な要素が強い職業として1）暴力団組員，次に2）フリーター，3）大学生，

最も否定的要素が弱い職業として4）弁護士を設定して比較しました。結果として，被害者に落ち度がまったくなかったとしても，被害者の否定的要素が強くなるにつれて被害者への同情や肯定的態度は弱くなってしまい，被害の原因を自業自得などとする否定的な態度が強くなりました。そして，被害が深刻な場合に限定されますが，（被害者の否定的要素が強いと被害者に同情をしなくなったり，自業自得と考えるので）被害者の否定的要素が弱い場合よりも強い場合の被告人に対する量刑が軽くなるという結果となりました。このような被害者の落ち度や責任の判断についての研究も数多くなされています。たとえば小俣（2013）は，性犯罪の架空シナリオの中で被害者となった女子大学生の社会的尊敬度を操作して検討を行いました。社会的尊敬度は体面，立派な態度・地位，尊敬されるに値することを意味し，性犯罪被害者非難の研究では，派手な異性交遊やいわゆる水商売・風俗業との関わり，あるいは道徳的に問題のある行為は社会的尊敬度が低い行為とされます（小俣，2013）。そこで，小俣（2013）は被害者の社会的尊敬度が低くない一般学生条件と社会的尊敬度が低いとされるキャバクラ（女性店員が，男性客の席について接客する飲食店）でアルバイトをしている派手なファッションの学生というキャバクラアルバイト学生条件で比較したところ，一般学生条件よりもキャバクラアルバイト学生条件の被害者の心理的被害は低く評価され，被害者本人の責任は高く評価されました。つまり，山岡・風間（2004）と同様に，被害者の否定的な要素が強いと被害者の自業自得と思われ，同情は低くなるといえます。それとともに，心理的被害が過小評価されるということは主観的な被害の重大性が低く判断されるわけですから，綿村ら（2010）の指摘を踏まえると，否定的要素が強い人物が被害者の場合には応報的に量刑は低く判断されてしまう可能性が高いともいえます。

(3) 外見の影響

シガールとオストローブ（Sigall & Ostrove, 1975）やステイリー（Staley, 2007）は，被告人の外見の魅力（身体的魅力）が犯行の達成に影響すると考えられる事件（たとえば詐欺事件）では量刑に差は生じにくいが，外見の魅力が犯行達成に直接影響しないと思われる事

件（たとえば窃盗）では，外見が魅力的な場合に量刑は低く判断されることを示しています。裁判員の量刑判断に被告人や，もしかすると被害者の外見が影響する可能性が否定はできません。

　以上に例としてあげた被告人や被害者の職業，外見などの要因は，裁判で量刑判断をする際に，どこまで考慮の対象としてもよい情報なのでしょうか。特に，事件においてまったくの落ち度がなかった被害者でも，その属性によって，被害を過小評価されたり，量刑が左右されてしまう可能性があるのです。

（4）価値観や態度の影響

　被害者への同情が強いと量刑を重く判断することが指摘されています（e. g., Salerno & Bottoms, 2009; 白岩・唐沢, 2015; Tsoudis & Smith-Lovin, 1998）。そのことから考えると，同情しやすい，または感情移入しやすい人は，量刑を重く判断しやすい（逆にいうと，被告人に同情するような背景や動機があった場合には顕著に量刑を軽く判断する）かもしれません。しかし，白岩・唐沢（2015）は，被害者に対する同情は，量刑を重くする効果を持つ一方で，「裁判では，理性を重視し，感情を排除して法的判断をすべき」という規範的な裁判イメージの強さによって抑制されることを明らかにしています。

　板山（2014a; 2016）は，「現状の裁判は犯罪者に甘い，犯罪者をより厳しく罰するべきだ」と考える傾向（厳罰志向性）が強いと，たとえ同じ事件でも被告人の情状酌量の余地を低く判断し，量刑を重く判断することを明らかにしています。また，死刑制度に賛成の人に死刑判断の傾向が強いことも指摘されています（e.g., Allen et al., 1998）。これらの結果が示すものは，同じ事件であっても人それぞれの裁判に対する価値観や態度の違いによって，量刑の重さに差が生じる可能性があるということです。

（5）基準値の影響

　これまでさまざまな要因の量刑判断への影響をみてきましたが,「懲役何年にする（べきなの）か」と実際に考えることには難しさがあります。その理由は，法定刑の幅が広いからです。曖昧で正解がわからない，ある意味で数字的な判断（懲役何年か）を求められる量刑判断

においては，判断基準を求めたくなるところです。裁判では，検察官が求刑（検察官が相当と考える刑罰を裁判所に求めること）を行いますので，検察官の意見が１つの基準ともいえます。エングリッヒとムスワイラー（Englich & Mussweiler, 2001）は，強姦事件を題材にした実験で，検察の求刑の量刑が軽いものと重いものどちらかを提示しました。結果として，同じ事件にもかかわらず提示した量刑が重い条件のほうが軽い条件よりも量刑を重く判断しました。これは，検察官の求刑がアンカーとなったために生じた現象です。アンカーとは，何かの出来事の生起確率や商品の値段などの数や量に関する判断での基準値のことを指し，この基準値の情報が印象に強く残ってしまい，意思決定や判断に影響を及ぼすことをアンカリング効果といいます。

　また，最高裁判所は，裁判員裁判において量刑を考える際の参考資料として，過去の裁判例をデータベース化した量刑検索システムによって，類似事件に対する量刑がどのように分布しているのかを示した量刑分布グラフを提供することにしています。この量刑分布グラフのアンカリング効果を綿村・分部・佐伯（2015）が検討したところ，グラフのピーク（度数の最も多いところ）がアンカーとして量刑をひきつけるという結果を示しています。綿村ら（2015）は，「グラフのピークがアンカーとして影響しすぎると，類似事件はすべて均一的な量刑になってしまう。仮に２つの類似事件があり，罪種・被告人の前科や年齢・犯行の方法などデータベース化できる事情がすべて一致していたとしても，被告人の複雑な生い立ちや被害感情の大きさなど，データベース化しにくい事情はまったく違っているかもしれない。」と指摘をしています。この量刑分布グラフは，参考にできるものではありますが，どこまで参考にするかを考える必要がありそうです。

(6) 集団，専門家の意見の影響

　裁判員裁判では，集団（評議）で量刑判断を行うことを忘れてはいけません。個々人が量刑を判断しても，一人では量刑を決めることはできません。評議では，自分の意見が周囲と違う場合に他者の意見に影響を受ける可能性があります。有罪・無罪の決定において，評議前の初期多数派の意見が結果に反映されやすいことが明らかになっていますし（e.g., Davis, et al., 1975; 大坪・藤田, 2001），多数派の意

見や専門家の意見を参考に判断を行う傾向が指摘されています（e.g., 村山・三浦，2015a）。

　裁判員裁判では，量刑を軽く判断する人と重く判断する人に分かれることが考えられますので，量刑判断でも多数派の影響が考えられます。板山（2014b）の研究では，事件内容が殺人事件のみであることや裁判官（役）がいないという問題はありますが，評議前に量刑を軽く判断した人が多い場合でも，重く判断した人が多い場合でも，評議の内容が被害者視点でかつ応報的な議論に偏りやすく，被告人の視点に立ちにくい結果として，評議前のメンバーの量刑の平均よりも量刑は重くなりやすいことを明らかにしています。また，板山（2014a）の研究では，自由に議論をする条件，被害者の立場に偏った議論のみをする条件，被告人・被害者それぞれの立場に立った議論を均等な時間で実施する条件の3条件で比較をしています。統計的に有意な差はありませんでしたが，自由に議論をした条件，被害者の立場に偏った議論をした条件では，板山（2014b）と同様に評議前のメンバーの量刑の平均よりも量刑は重くなり，被告人・被害者それぞれの立場に立った議論をした条件では，量刑は重くなりませんでした。それに加え，自由に議論をした条件，被害者の立場に偏った議論をした条件の「評議内容と判決そのものに対する公正さ」の評価は，被告人・被害者それぞれの立場に立った議論をした条件に比べて低いという結果でした。

　さまざまな要因が一般市民の量刑判断に影響するということを述べてきましたが，裁判員制度の目的に「国民の意見の反映」であることを考えると，仮にどのような要因に影響されたとしても，その判断は国民の一意見であり，否定できるものではないとも考えられます。しかし，自分（たち）が判断することで他人の人生を左右しうる量刑判断が，公正ではないという評価では問題だと思われます。結果的にどのような重さの判断であったとしても，その決定が自信を持って公正なものであるといえるような評議，判断をする必要はあるかもしれません。

　また，ここまでに取り上げたものを含め，一般市民の量刑判断に関わるいくつかの研究の成果を表3-1にまとめましたので，参考にしてください。

▼表 3-1 一般市民の量刑判断に関する研究のまとめ

内容	研究者
被害の主観的な重大さの評価によって量刑の重さが変わる	綿村・分部・高野（2010）
被告人の社会的地位が低いと量刑が重く判断される	風間（1998）
被害者の職業などの否定的要素が高いと量刑は軽く判断される	山岡・風間（2004）
被告人の身体的魅力が高いと量刑が軽く判断される	猪八重・深田・樋口・井邑（2009）
被告人の国籍で量刑が変わる	中田・サトウ（2014）
被告人に前科があると量刑は重く判断される	白井・黒沢（2009）
量刑分布グラフの数値に影響を受ける	綿村・分部・佐伯（2014）
提示される専門家や一般人の意見の中の数値（求刑など）に影響される	本間・斉藤・舘（2008）
「被告人（被害者）の母親が偶然交通事故に遭った」など犯罪事実とは関係のない情報で量刑判断に差が生まれる	綿村（2011）
有罪・無罪の決定は評議前の初期多数派の意見が結果に反映されやすい	大坪・藤田（2001）
多数派の意見や専門家の意見を参考に有罪・無罪判断を行う傾向がある	村山・三浦（2015a）
公正世界信念が加害者の非人間化を介して厳罰指向につながる	村山・三浦（2015b）
被害者への同情は量刑増進効果を持つが、「理性的に判断すべき」という裁判イメージによって抑制される	白岩・唐沢（2015）
被害者参加制度に否定的な態度ほど、被害者参加人の発言による自己への影響を否定し、その影響を否定するほど軽い量刑が判断される	白岩・唐沢（2013）
現状の裁判は犯罪者に甘いと考える傾向が強いと、情状酌量の余地を低く判断し、量刑を重く判断する	板山（2014a; 2016）
裁判員の立場で量刑を判断させるより、TV 視聴者として量刑を判断させた場合のほうが量刑は重くなる傾向がある	板山・上原・川嶋・佐伯・滑田・若林・綿村（2014）
評議前に量刑を軽く判断する人が多い場合でも、被害者視点で応報的な議論になりやすく、判決は評議前のメンバーの平均よりも重くなりやすい	板山（2014b）

6. 家庭裁判所調査官

最後に，家庭裁判所調査官について少し説明します。

裁判所は，最高裁判所と下級裁判所に大別され，下級裁判所として

高等裁判所，地方裁判所，家庭裁判所及び簡易裁判所の4種類の裁判所が設けられています。

その中で家庭裁判所では，夫婦関係や親子関係などの争いごとに関して話し合う調停と，このような争いごとにおける審判，および少年の事件について審判を行っています。家庭裁判所調査官は，「各家庭裁判所及び各高等裁判所に家庭裁判所調査官を置く」（裁判所法第61条第2項）と定められている専門職です。裁判所のホームページには，家庭裁判所調査官の業務について，以下のように記されています。

まず，家事事件については，「紛争の当事者や親の紛争のさなかに置かれている子どもに面接をして，問題の原因や背景を調査し，必要に応じ社会福祉や医療などの関係機関との連絡や調整などを行いながら当事者や子にとって最もよいと思われる解決方法を検討し，裁判官に報告します」となっています。そして，話し合いの際にカウンセリングなどの心理的援助を行うこともあるとしています。

次に，少年事件では，「非行を犯したとされる少年とその保護者に会って事情を聴くなどして，少年が非行に至った動機，原因，生育歴，性格，生活環境などの調査を行います。そして，必要に応じ少年の資質や性格傾向を把握するために心理テストを実施したり，少年鑑別所，保護観察所，児童相談所などの関係機関と連携を図りながら，少年が立ち直るために必要な方策を検討し，裁判官に報告します」となっています。そして，しばらくの間，少年の様子を見守る「試験観察」の際には，指導や援助しながら行動や生活状況を，継続的に観察を行うとしています。

なお，本シリーズ心理学と仕事8『臨床心理学』（太田，2017）に，具体的な仕事の内容が記載されています。ぜひ，併読してみてください。

精神科医療現場での心理技術職：
触法精神障害者への心理的関わり

現場の声 4

ここでは，精神科医療現場での司法・犯罪心理学領域の現状を述べ，心理技術職がどのような領域で働いているのかを説明します。

司法・精神科領域で，日本の政策上大きな転換点となったのは，2003（平成15）年に立法化され，2005（平成17）年に施行された「心神喪失等の状態で重大な他害行為を行った者の医療及び観察等に関する法律」（以降，医療観察法と略）の成立をあげることができます。この法律は，心神喪失や心神耗弱といった精神状態で重大な犯罪を起こした，触法精神障害者の処遇について刑事司法と精神科医療が協力し，社会復帰を目指すといった，日本ではこれまでになかった処遇制度でした。

古来，日本では，痴ほう者や頭のおかしな人とされた者が犯罪行為を行った場合に，罪を負わせることはできないといった考え方があり，犯罪行為を免責するあるいは罪を軽減するという歴史がありました。古くは，1742年制定の「御定書百箇条」に，「乱心者と15歳未満の者には刑を減軽する」と記され，1880年成立の旧刑法には「知覚精神の喪失に因って是非を弁別せざるものはその罪を論ぜず」と記されました。1907年には旧刑法が改正され，39条に「心神喪失者の行為は罰しない。心神耗弱者の行為は，その刑を減軽する」と規定され，現在の刑法にその精神と政策は受け継がれています。

医療観察法が成立するまでは，刑法39条で心神喪失者が不起訴となり，心神耗弱者が減刑され執行猶予もしくは無罪と決まった場合には，検察官が「精神保健及び精神障害者福祉に関する法律」（以降，精神保健福祉法と略）第25条に基づき都道府県に行政通報し，精神科病院に措置入院となり，精神科治療を受けることが一般的でした。この制度では刑事司法から一般精神科医療へ引き継がれることで，重大な犯罪を起こした触法精神障害者でも，特別な処遇を受けることなく精神科医の判断で，病状の回復を待って，一般社会に復帰することが可能となっていました。

一方，従来，刑事司法の領域では，触法精神障害者を一般の精神障害者から分離し，犯罪の再発を防止し，社会の人々の安全を守る「保安処分」の必要性が唱えられてきました。精神科医療の領域でも，精神症状に影響され犯罪を起こしてしまう重症の触法精神障害者に「処遇困難者専門病棟」の建設構想が唱えられてきました。しかし，いずれの案も人権擁護の立場から強い反対意見があり実現には至りませんでした。その後，1999（平成11）年の精神保健福祉法改正時に，「重大な犯罪を犯した精神障害者の処遇の在り方については，幅広い観点から検討」を行うべきとする決議が付され

たことで，適切な医療を確保するための方策やその処遇のあり方等について，法務省と厚生労働省は2001（平成13）年から合同検討会を開始しました。

その検討会の最中に，精神科病院への通院や措置入院歴があり，傷害や暴力の犯罪歴のある37歳の男性が，大阪教育大学附属池田小学校に侵入し児童8人を刺殺し，児童13人と教諭2人に重軽傷を負わせるという無差別大量殺人事件が起きました。この事件により，犯罪を起こしてしまう精神障害者への関心が高まり法律の成立が加速されたといわれています。

医療観察法の成立により，従来の起訴前鑑定に加え，医療観察法鑑定が新たに加えられ，医療観察法の入院や通院治療では，精神科医・看護師・心理技術職・作業療法士・精神保健福祉士といった専門多職種によるチーム医療が導入されました。精神科病院に所属する心理技術職は，触法精神障害者の医療観察法鑑定において，鑑定医（精神科医）が行う精神鑑定で，法に適法かどうかを念頭に，鑑定医の依頼で各種心理検査を実施し，鑑定の精度を高める役割を担っている場合があります。また，医療観察法の適法とされ入院となった患者（以降，対象者）に，疾病学習や内省プログラム等の各種心理教育を行うとともに，退院前には危機介入計画（以降，クライシスプラン）の作成に関わることがあります。

疾病学習では，統合失調症，うつ病等といった精神疾患の基本的情報や，幻聴・妄想といった症状に関する情報を提供し，精神障害者と診断された場合の望まない感覚の軽減や自己対処力の向上や，自信の回復を目指します。内省プログラムでは，どのように犯罪行為に至ったのかを振り返り，同様の体験を防ぐための対処方法や，自分に果たすことができる再発防止責任や謝罪・賠償責任等に気づいてもらうことを援助します。また，入院中に，対象者の病識の獲得や精神疾患の受容や，内省プログラムや他のプログラムの理解について評価します。そして，普段の自分の状態や，自分の再発サインとストレス要因を認識し，実際的な対処法を講じることができるクライシスプランを対象者とともに作成する重要な役割を担うことがあります。その結果，退院後には触法精神障害者が自ら治療の継続を求め，支援者に支援を求め再犯の可能性が軽減されることが期待されています。

現場の声 5

DVにおける加害者更生

● はじめに

　結婚相手や交際相手など親密な相手から振るわれる暴力を「DV（ドメスティック・バイオレンス）」といいます。暴力の形態は身体的なものだけではなく，精神的，性的，社会的なものを含みます。

　警察におけるDVの相談等件数は69,908件（2016年）で，毎年増えており，大きな社会問題になっています。2001年に施行された「配偶者からの暴力の防止及び被害者の保護等に関する法律（通称：DV防止法）」によって，被害者の保護や支援に関する仕組みがつくられ，暴力をふるった人（加害者）が，一定期間，家から出て行かなければいけない，相手に近づいてはいけないという「保護命令」が制定されました。

　しかし，"その後"の加害者への介入がなければ，行動は変わらず，再度の暴力につながってしまう危険性があります。しかし現在のところ，日本では諸外国のように加害者を裁判所の命令によって更生プログラムに参加させる法律は整備されていません。「DV防止法」では，「国と地方自治体は加害者の更生のための指導方法に関する調査研究の推進に努めること（第25条）」とされていますが，内閣府の調査（2016）では，加害者更生に関する取り組みを行っている自治体は14.5%，うち加害者プログラムを行っているのは1.5%にとどまっています。一部の行政や民間団体の取り組みを除いて，加害者への働きかけはほとんど行われていないのが現状です。

● DV加害者プログラムの取り組み

　筆者は，2004（平成16）年度に内閣府の調査研究事業の一環として委託された千葉県で，その後「DV加害者教育プログラム」として県独自の加害者更生の取り組みがなされた際にファシリテーター（プログラムを運営する人）の一員として加わりました。

　プログラムは，再度の暴力を防ぐために，自らが行った暴力への自覚を促し，行動に責任を持つことを目指すものでした。またこのプログラムは，被害者支援の一環としても行われたため，被害を受けたパートナーとも関わりをもてることが参加条件の1つとされました。加害者プログラムとは別の担当者が，直接的支援のほかプログラム担当者との情報交換や安全確保にあたりました。

　プログラムの内容は，アメリカのミネソタ州ドゥルース市で作成された「ドゥルース・モデル（Duluth Domestic Abuse Intervention Project: DAIP）」を基本に独自で作成されました。参加者の持つ「意図」「信念」「価

値観」などを明らかにし，「他者への影響」や「自分の行動とその結果への責任」などについて行動変容を促す心理教育モデルで，認知行動療法の手法も用いられました。数人のグループ形式で，週に1回，18～21回を1つのサイクルとして行われました。参加者は全員が男性，平均年齢は35.1歳で，「妻が家から出て行った」というように実際の生活に変化があったことがきっかけで応募した人がほとんどでした。ファシリテーターは男女ペアで，毎回「これまでのこと」「身体への暴力」「精神的に追い詰める」などのテーマを設け，自分の経験をもとにシナリオを作成しロールプレイを行ったり，暴力の背景にある参加者の信念や価値観などを検討したり，パートナーや子どもへの影響についての話し合いをしました。アセスメント（評価）は，最初と途中に行う個別の面接のほか，参加前後の自己評価，パートナーによる「暴力に関する質問紙」調査，ファシリテーターによる「評価（目標達成）尺度」により行われました。測定値としての効果は限定的でしたが，終了した参加者のほとんどが「自分を振り返り，気づきを得ることができた」と答えました。同時に，実際の行動をすぐに変えることは簡単ではなく，これからも努力を続けていきたいという声も多くあがりました。

◎課題と今後について

　加害者に対するプログラムや心理療法は，動機づけや参加が義務づけられているかという点において，一般的なそれとは異なる点があります。ファシリテーターには，暴力行為そのものは明確に否定するものの，参加者が変わろうとすることへの敬意とそれを支援していく姿勢が求められます。また，パートナー間の関係が家族に影響を及ぼすことを考えると，DVと児童虐待は非常に関連が深く，今後は子どもも含めた被害者の心身の安全のための支援の一環として加害者プログラムが実施されることが求められます。また一口にDVの「被害者」「加害者」といっても状況や暴力の危険度などはさまざまです。それぞれに合った適切なプログラムが実施されるよう，危険度の評価や実施基準などの作成が望まれます。諸外国の例を参考に研究を進め，日本ではどのような取り組みが効果的なのかを模索する必要があるでしょう。そして何よりこうした取り組みが進むためには，「たとえ家の中のことであっても暴力は許されないことで，その行動の責任は加害者にある」という共通の認識を持つ社会であることが求められていると思います。

第4章
刑事施設／少年院における
司法・犯罪心理学

活かせる分野

1節　矯正：刑事施設／少年院における心理学

1. 刑事施設における心理職の役割

(1) 心理職の導入

　2018年現在，日本には，刑務所62庁，少年刑務所6庁，拘置所8庁，刑務支所8庁，拘置支所104庁があり，それらを総称して刑事施設といいます。刑事施設は，2005（平成17）年に「刑事施設及び受刑者の処遇等に関する法律」（2006［平成18］年に「刑事収容施設及び被収容者等の処遇に関する法律」に改正）が成立するまで，1909（明治42）年に制定された監獄法のもと，行刑施設とよばれていました。行刑施設では，昭和初期から「処遇の科学化」が提唱され，一部の施設で精神科医や心理学者による心理アセスメントが行われてきました。常勤の心理職の採用は，1941（昭和16）年に少年刑務所において少年考査官制度が導入されたことで始まりますが，それには，受刑者処遇の2本の柱とされた累進制度と分類制度が大きく関わっています。累進制度とは，受刑者の改善更生と社会復帰を目的とする自由刑の執行において，受刑者自身の自発的な改善意欲を喚起し，自律性や社会適応性を養い，円滑に社会復帰させるため，改善に向けた努力やその程度に応じて自由の制限を緩和し，段階的に社会生活に近づけるようにする処遇の方式です。本法下でも，制限の緩和と優遇措

置としてその趣旨が受け継がれています。また，分類制度は，当初，男女の分隔，未決既決の分隔，少年受刑者の分離などの形式的な特徴の分類から始まりましたが，累進制度に基づく処遇を展開する必要性から，個々の受刑者の問題点を科学的にとらえ，それに即した処遇指針を立てるという個別的処遇のための分類へと発展していきました。この分類のための調査（アセスメント）業務が，心理職に求められたのです。

その後，長い間，心理職の配置は少年刑務所（1949［昭和24］年の現行少年法の施行により20歳未満の少年受刑者は激減し，現在は26歳未満の青年層が主たる被収容者です）や科学的調査や治療的処遇の充実を期して全国の各矯正管区に設置された分類センター（本法下では調査センター）等一部の施設にとどまっていましたが，本法が施行され，受刑者の再犯防止と社会復帰支援が国の重要な施策となる中で，徐々に配置される施設が増え，2012（平成24）年度からはごく一部の支所を除く刑務所，少年刑務所，拘置所のすべてで1人以上の心理職（調査専門官）が勤務するようになっています。

このほか，2005（平成17）年から，臨床心理士の有資格者等が非常勤の心理職（処遇カウンセラー）として採用され，受刑者に対するカウンセリングや後述する「特別改善指導」を行っています。

刑事施設で働く職員の大半は刑務官ですが，前述の心理職とともに，同時期から教育職（教育専門官）や社会福祉士等の配置も進み，本法施行後，受刑者の再犯防止と社会復帰を効果的に進めるための専門職の活躍の機会が増えています。

（2）心理職の業務

前述のように，行刑施設への心理職の導入は，分類制度に基づく受刑者処遇の発展の過程で進められてきたものであり，その業務も，受刑者処遇の基礎となる分類調査（本法下では処遇調査），それに基づく処遇計画の立案，実際の処遇への参画等，分類制度に関わるものです。本法下でも，それは基本的に変わっておらず，現在，刑事施設において，心理職が担当している業務は以下の4つです。

①処遇調査

処遇調査とは，受刑者の改善更生および社会復帰に向け，面接や各種心理検査を行うことで，知能や性格等の資質面の特徴，環境面の特徴から犯罪に至った要因や心理機制等を明らかにし，それらを踏まえて再犯リスクを明確にし，再犯防止に向けた今後の処遇指針を提示する心理アセスメント業務です。

　法令上は，処遇に必要な基礎資料を得るため受刑者の資質および環境に関する科学的調査を，医学，心理学，教育学，社会学その他の専門的知識および技術を活用し，面接，診察，検査，行動観察その他の方法により行うこととされています。また，処遇調査を効果的に行うため必要な場合は，併せて，カウンセリングその他の適当な処置を行うことができるとされ，たとえば，処遇調査の円滑な実施や指導に対する反応性の把握のために，カウンセリング的な手法を用いたり，教育的な働きかけを試みたりすることもあります。

　なお，成人の場合は刑の確定後に行われますが，20歳未満の少年の場合は，審判によって処分が決定する前に，少年鑑別所において詳細な心理アセスメントが行われ，その結果が処分決定の参考にされるとともに，それ以後の処遇にも生かされています(詳細は第3章1節参照)。

　処遇調査には，刑の確定による収容開始後，主として処遇要領を作成するために行う刑執行開始時調査(調査項目は以下のように定められています)と，おおむね6か月ごとに1回，矯正処遇の目標の達成状況を評価し，主として処遇要領の変更の要否を判断するために行う定期再調査，臨時の必要に応じて行う臨時再調査の3つがあります。

　　ア　精神状況
　　イ　身体状況
　　ウ　生育歴，教育歴及び職業歴
　　エ　暴力団その他の反社会的集団への加入歴
　　オ　非行歴及び犯罪歴並びに犯罪性の特徴
　　カ　家族その他の生活環境
　　キ　職業，教育等の適性及び志向
　　ク　将来の生活設計
　　ケ　その他受刑者の処遇上参考となる事項

処遇調査の結果およびこれに基づいて作成された矯正処遇の目標，矯正処遇の内容・方法，矯正処遇実施上の留意点等を定めた処遇要領，矯正処遇の目標達成状況の評価，処遇の経過などを記載した処遇調査票が，受刑中の処遇の総合的な資料となります。また，最近は，再犯防止にとって効果的であるとして，居住場所や定職を持たない高齢者や障害者で，窃盗等の比較的軽微な犯罪を繰り返すような者などについては，心理アセスメントの結果を用いて福祉的支援につなげることが増えています。

②処遇関与

処遇関与は，受刑生活に対する不満や不安，悩みを抱え，刑事施設における生活に適応できず，処遇に困難を来している受刑者に対するカウンセリングや，そうした受刑者を担当する刑務官の相談に応じてサポートを行うなどの，刑事施設の処遇を支援する業務です。心情安定のために単発的に行う面接から，目標を決め，継続的に実施するカウンセリング等の心理療法まで，必要に応じて実施しています。

③各種指導

現在，刑事施設では，犯罪につながる特定の問題性を改善するため，薬物依存離脱指導，暴力団離脱指導，性犯罪再犯防止指導，被害者の視点を取り入れた教育，交通安全指導，就労支援指導の6つの特別改善指導，アルコールや暴力，窃盗の問題等，多くの受刑者に共通する問題を改善するための一般改善指導のほか，一部の施設では，知的・発達的な，また，精神的な障害を抱える者や認知症にり患している者に対する作業療法等が行われています。そのうち，心理職は，性犯罪再犯防止指導等の認知行動療法に基づくグループワークを中心としたプログラムに関わっています（認知行動療法やそれに基づくプログラムの詳細については次節参照）。

なお，グループワークは複数の対象者に実施できる点で効率的であるばかりでなく，集団の相互作用が働いてメンバー各自の気づきが促進されるというメリットがあることから，矯正施設でよく用いられています。

④効果検証

　効果検証は，前述の特別改善指導や一般改善指導について，統計的手法を用いて指導の前後に受刑者に対して行った質問紙や半構造化面接による調査結果等を分析し，指導効果の検証を行うとともに，プログラムの更新等を行う業務です。

　処遇調査についてはすべての刑事施設で行っていますが，処遇関与や性犯罪再犯防止指導等の特別改善指導の一部については重点的に行う施設が指定されており，それ以外の施設では，施設の裁量によって実施されています。また，効果検証については，2010（平成 22）年度から専従班が府中刑務所に設置され，全国からデータを集約し，分析・検証が行われています。

2．少年院における心理職の役割

(1) 心理職の導入

　2018 年現在，日本の少年院は本院 45 庁，分院 6 庁であり，収容される者の年齢，犯罪的傾向の程度，心身の著しい障害の有無，法的地位により，第 1 種から第 4 種まで種類が分けられます。さらに，収容期間，収容される者の特性や教育上の必要性から 16 の矯正教育課程が設けられ，それぞれ対象者に応じた矯正教育が行われています。このうち，知的障害や発達障害等があって処遇上の配慮を有する者，女子や低年齢の者を収容する施設を中心に半数以上の少年院に心理職が配置されています。

　2014（平成 26）年，少年院の運営について定めた少年院法が，在院者の特性に応じた処遇，再犯防止対策の推進，在院者の人権尊重と適切な処遇の実施を目的として，1948（昭和 23）年の制定以来初めて全面改正されました。新少年院法には，在院者の処遇にあたっては，医学，心理学，教育学，社会学その他の専門的知識および技術を活用することが明記されており，少年院における処遇の充実強化を目指し，心理職の配置が進められています。

(2) 心理職の関わる業務

　現在，少年院において心理職が関わっている業務にはおおよそ以下の 4 つがありますが，いずれもこれまで主として教育職（法務教官）

が担い，現在も心理職とともに教育職が行っているもので，少年院では教育職が広く活躍しています。

①個別的矯正教育計画の策定及び変更・修正

　少年鑑別所や家庭裁判所から送付された心理アセスメントや社会調査の結果を踏まえ，また，少年院でも必要な調査を実施し，再非行リスクと教育上のターゲットを明確にしたうえで，矯正教育の目標，内容，実施方法および期間その他実施に必要な事項を定めた矯正教育計画を立てる業務です。さらに，矯正教育の経過から，変更・修正が必要になった場合はそれも行います。

②個別面接

　不満や不安，悩みを抱え，少年院の生活に適応できず，処遇に困難を来している在院者に対し，カウンセリング等の心理療法を行い，少年院の処遇が効果的に機能するよう支援する業務です。

③各種指導

　現在，少年院では，非行につながる特定の問題性を改善するため，被害者の視点を取り入れた教育，薬物非行防止指導，性非行防止指導，暴力防止指導，家族関係指導，交友関係指導の6つの特定生活指導を行っているほか，施設独自で対人スキルや自己統制力向上のためのプログラムを実施しています。また，女子少年院では性問題行動，摂食障害，自傷行為等，女子少年に特に多い問題に焦点を当てたプログラムを行っています。こうした指導は教育職が中心となって実施していますが，心理職も薬物非行防止指導等の認知行動療法に基づくグループワークを中心としたプログラムに関わっています。

④効果検証

　効果検証は，前記の特定生活指導や女子少年に特に多い問題に焦点を当てて試行中のプログラム等について，統計的手法を用いて指導の前後に在院者に対して行った質問紙や半構造化面接による調査結果等を分析し，指導効果の検証を行うとともに，プログラムの更新等を行う業務です。2012（平成24）年に専従班が多摩少年院と八王子少年

鑑別所に設置され（2016［平成 28］年度からは関東医療少年院にも設置されています），全国からデータを集約し，分析・検証が行われています。

3．刑事施設および少年院における心理学の活用

(1) 非行・犯罪の理解

　非行・犯罪の多くは，それまでの，あるいは現在置かれている状況の中で，他者や社会との関わりにおいて感じている，不適応感，無力感，社会的な劣位感，被害感，自尊感情の傷つき，怒りといった否定的な感情を背景にした反社会的な思考や態度に基づく行動です。たとえば，学校でいじめられ，親に訴えても心配してもらえず，安心できる居場所を持てなかった少年が，弱小な自己イメージの回復を求めて不良仲間に接近し，「男は強くなければならない」「やられる前にやったほうが勝ち」など，不良仲間の価値観や行動様式を取り入れて，今度は他者に対して支配的，暴力的に振る舞うようになるといったことはよくあります。否定的な感情が，直ちに反社会的行動に結びつくのではなく，その間には，そうした行動を支持・促進するような反社会的な思考・認知や態度があるといえます。

(2) 非行・犯罪を防ぐ介入

　非行・犯罪を前述のように理解すると，それを防ぐための介入としては，認知や態度をターゲットに行動変容を図る認知行動療法が適合します。最近の欧米における教育効果，再犯率に関する研究のメタ・アナリシスは，行動主義的，社会学習的，認知行動療法的な介入が最も効果的であると結論しています。

　以下に，非行・犯罪を防止するための教育を行ううえで欠かせない理論をいくつか紹介します。

①リスク・ニード・反応性の原則（Risk Need Responsivity principle: RNR 原則）

　ボンタとアンドリュース（Bonta & Andrews, 2017）により提唱された効果的な教育を行ううえで必須の原則です。リスク原則とは，対象者の再犯リスクの水準に応じた処遇を行う，つまり，再犯リスク

の高低に応じて介入の度合い(頻度や密度等)に差をつけることです。ニード原則とは，犯罪行動と直接結びつき，かつ，介入によって変化可能なリスク要因(反社会的認知，反社会的態度など犯罪誘発性のニード)を介入のターゲットとすることです。反応性の原則とは，対象者が介入から最大限の利益を得られるように年齢，学習スタイル，動機づけ，性格特徴等の個別の要因を考慮に入れることです。これらはいずれも刑事施設でも少年院でも原則とされている処遇の個別化の理念にかなうものといえます。

なお，ボンタらは反応性の点から考えて一般的に非行・犯罪に最も効果的なのは，社会学習理論や認知行動理論に立脚した介入であると主張し，認知行動療法を推奨しています。

実務では，処遇調査や鑑別に加え，リスクアセスメントツール(成人の性犯罪者版は2006［平成18］年から実施，少年版については第3章1節参照)を用いて，再犯(再非行)リスクおよび教育上のターゲットを明らかにし，それに応じて認知行動療法に基づく教育プログラム等を実施しています。

②再発防止モデル

行動を変えようとしている個人に，犯罪の危険性を増加させる高危険状況に気づかせ，いかに高危険状況を避け，逸脱的でないやり方で対処していくかを教えるための自己統制プログラムで，認知行動療法に基づく心理教育的アプローチです。嗜癖行動を止め続ける維持管理が求められる薬物乱用や過食などについての治療モデルとして開発されたものですが，再発防止のための維持管理が鍵となる点で類似性の高い性犯罪や暴力犯罪に適用され，効果を上げています。

③グッド・ライフ・モデル(Good Lives Model: GLM)

ワォードとスチュワート(Ward & Stewart, 2003)が提唱したもので，人間は誰しも自分にとって価値あるものを手に入れるために行動するものだということを前提として，犯罪はそれを社会的に受け入れられない手段で得ようとする試みである，つまり，犯罪の問題性は自分にとって価値あるものを手に入れる方法にあると理解します。そ

して，教育の目標は，社会的に受け入れられ，個人的にも満足できる方法で価値あるものを手に入れるために必要なスキルを身に付けることとされます。

　これは，再犯リスクをいかにコントロールするかということに主眼を置く再発防止モデルは，対象者にとってストレスフルで教育への動機づけや積極的な関与を損ない，ドロップアウトを誘発しかねないという危惧から強調されるようになっており，教育の効果を上げるには，対象者の問題性だけではなく，長所やポテンシャルに注目し，目標や志向を理解したうえで，変化や成長への動機づけを高めることが重要であるといった視点にも通ずるものです。

　なお，RNR原則や再発防止モデルとGLMは相容れないものではなく，両者のアプローチを併用して教育を行うことが，対象者の再非行・再犯防止と社会復帰支援を推進し，社会の安全を守るという目標の達成につながるものといえます。

2節　認知行動療法，更生プログラム

1. 少年院，刑務所での更生プログラム

(1) 少年院，刑務所の目的

　皆さんは少年院や刑務所というと，どのようなイメージをお持ちでしょうか。「恐いところ」「厳しいところ」「悪いことをした人を懲らしめるところ」。多くの人はこのようなイメージを持っているのではないでしょうか。

　確かに，少年院や刑務所に収容されているのは，非行や犯罪に関わった人々であるので，そこでは一定の厳しさや規律は必要です。しかし，それ以上に彼らの改善更生を図り，二度と犯罪に関わることなく，健全で適応的な社会生活を送ることができるようにすることも大切な目的なのです。そのために，少年院や刑務所には，さまざまな更生のための働きかけやプログラムが用意されています。

(2) 更生プログラムとは

　それでは，非行少年や受刑者の改善更生を図るにはどのようにすればよいのでしょうか。

従来から少年院では，職業訓練や体育指導などが活発に行われてきました。職業訓練によって資格を取ったり，勤勉な生活態度を養ったりすることは，社会人として適応的な生活を送るためにとても重要なことです。また，体育によって健全な心身を培うことは，社会生活を送る基礎となるものといえるでしょう。

　同様に刑務所では，受刑者の処遇において刑務作業が重要な位置を占めていました。受刑者のほとんどは，裁判で「懲役刑」を言い渡されて受刑しているわけですが，「役（えき）」とはまさに「仕事，労働」のことです。そのため，刑務所の中で受刑者は，木工，印刷，縫製などさまざまな作業に従事しています。

　このように，職業訓練や刑務作業などは，非行少年や受刑者の改善を図るうえで，非常に重要なものであることは間違いありませんが，それだけでは十分とはいえません。改善更生のためには，本人や本人を取り巻く環境の問題性を的確に把握し，それに応じたきめ細かい処遇を行うことが重要です。そのために，近年ではこれら従来型の処遇に加えて，犯罪心理学の研究成果を応用した科学的な「更生プログラム」の導入が進められています。その種類もまたさまざまで，薬物依存離脱指導，性犯罪者再犯防止指導，暴力団離脱指導，交通安全指導などがあります。

(3) 科学的な思考とエビデンス

　ところで，皆さんは「太陽と地球，どちらがどちらの周りを回っているか」と聞かれたら，何と答えますか。ほとんどの人は，ためらいもなく「地球が太陽の周りを回っているに決まっているじゃないか，そんなの常識だよ」と答えるでしょう。言うまでもなく，そんなことは小学校で教わるレベルの常識です。

　しかし，私たちの実感はどうでしょうか。空を見ると，毎朝東から太陽が昇り，夕方には西の地平線に沈んでいきます。まさに，太陽が天空を動いているように見えます。実際，16世紀にコペルニクスが地動説を唱えるまで，人々は天動説を固く信じていました。17世紀にガリレオが天体観測をして，あらためて地動説を支持しても，誰もそれを信じることはなく，彼は異端審問を受け，終身刑を言い渡されてしまいます。まさに当時の規範からすると，ガリレオは世間をたぶ

らかし，神を冒涜（ぼうとく）する犯罪者だったわけです。

　今となっては，どちらが間違っていたかは明白ですが，ここで強調したいのは，私たちの実感や直観は間違うことが多い頼りないもので，それに頼りすぎてはいけないということです。そして，私たちの判断を少しでも確かなものとするには，科学やデータに頼ることが，現在のところ一番合理的だということです。もちろん科学も万能ではなく，科学でわからないことは山ほどありますが，それでも私たちの直観よりははるかに間違いが少なく，頼りになるものです。ガリレオが判決を受けたとき「それでも地球は回っている」と言ったのは有名なエピソードですが，彼がそれほどに自信を持てたのも，天体観測による客観的なデータを持っていたからにほかなりません。

　さて，話を更生プログラムに戻しましょう。非行少年や受刑者を更生させるには，どのような働きかけをすればよいか，この問いに答えるにも直観や思いつきではなく，科学的なデータや研究結果に基づいて判断することが大切です。この際，このような判断のよりどころとなる科学的根拠のことを「エビデンス」とよびます。エビデンスとは，まさに「証拠」という意味です。現代の犯罪心理学においては，エビデンスに基づいて物事の判断をすることがとても大事なのです。

2．改善更生のエビデンス

(1) 厳罰化の効果

　それでは，実際にどのような働きかけが，非行少年や受刑者の改善更生に効果があるのでしょうか。言い換えれば，どのような働きかけにエビデンスがあるのでしょうか。まず思い浮かぶのは，厳しい罰を与える，つまり厳罰化ということです。改善更生プログラムなどというややこしいことをしなくても，厳しい罰を与えれば，人はそれに懲りて犯罪をしなくなるのではないか，私たちの直観ではこれはいかにも効果がありそうです。

　しかし，天動説が間違いであったように，これも間違いなのです。たとえば，覚せい剤使用について，わが国では世界的にみても非常に厳しい罰が科されています。しかし，覚せい剤取締法違反の再犯率はとても高く65％にも上り，これはあらゆる犯罪の中で最高です（法務省，2015）。このことからも，いくら厳しい罰を与えても，再犯は

抑制されないことがわかるでしょう。

　カナダの犯罪心理学者ボンタとアンドリュース（Bonta & Andrews, 2017）は，これまでに行われた膨大な研究をつぶさに検討した結果をまとめ，厳罰化には再犯抑制に効果がないというエビデンスを見出しました。一方，彼らの研究によれば，最も効果があったのは，認知行動療法という心理療法でした。

(2) 認知行動療法のエビデンス

　アメリカの犯罪心理学者リプセイら（Lipsey et al., 2007）は，認知行動療法のエビデンスを厳密に検討し，その結果，認知行動療法には改善更生に確実な効果があると述べています。認知行動療法を受けた受刑者は，そうでない受刑者に比べて，再犯率が約30％低かったのです。その後も多くの犯罪心理学者が，同様の研究結果を発表しています。一方，残念ながら，わが国では比較的人気の高いフロイト派の精神分析的治療や，ロジャーズのパーソンセンタード療法などには犯罪・非行という問題行動を改善する効果が一貫して認められていません。したがって，欧米先進諸国では，犯罪・非行への治療として，認知行動療法が盛んに活用されています。

3．認知行動療法とは

(1) 行動主義心理学

　アメリカの心理学者スキナー（Skinner, 1938）は，行動主義心理学を打ち立てました。これは，心理学は目に見えない「心」というものよりも，客観的に観察可能な「行動」を対象とすべきだという立場です。スキナーは，ネズミやハトの実験をもとに，さまざまな理論を導き出しました。

　さらにワトソンとレイナー（Watson & Rayner, 1920）は，有名なアルバート坊やの実験において，恐怖症を実験的に作り出せることを示しました。実験では，ワトソンはアルバート坊やに白ネズミを見せ，同時に大きな音を鳴らします。すると，びっくりしたアルバート坊やは泣き出してしまいます。これを繰り返した結果，アルバート坊やは，最初はネズミを怖がっていなかったのに，音を鳴らさなくてもネズミを見ただけで怖がってしまうようになり，「ネズミ恐怖症」に

なってしまったのです。このように，もともとは関連のなかった「ネズミ」と「恐怖反応」が繰り返し対呈示されることによって結びつけられることを「条件づけ」とよび，「学習」の一形態とされています。つまり，アルバート坊やは学習によって，「ネズミ恐怖症」になってしまったのです。

　ワトソンは，学習によって恐怖症をつくることができるのであれば，逆に新たな学習によって治療もできると考えました。したがって，アルバート坊やの「ネズミ恐怖症」を治療するため，今度は音を鳴らさずにネズミだけ繰り返し見せるようにしました。このように恐怖の対象に少しずつ慣らしていく手続きを曝露（エクスポージャー）とよびます。すると徐々に，アルバート坊やはネズミを見ても何も起こらないことを「学習」し，恐怖症も消えていきました。

　それまで主流であったフロイト派の精神分析では，恐怖症は抑圧されたトラウマが原因だと考えられていました。たとえば，幼少期の不快な体験が心の奥に抑圧され，代わりに「ネズミ恐怖症」などの形をとって現れてくると考えたのです。したがって，精神分析ではその抑圧を解くことが治療になるとされていました。一方，ワトソンは，恐怖症は学習によるものだと考え，その治療にも新たな学習を用いたわけです。

　ここから行動療法が発展していくわけですが，それは時代とともに変化しました。スキナーやワトソンは厳格に目に見える行動のみを対象としたのに対し，その後の行動主義心理学は，目に見えない認知や情緒も含めて対象にすべきだと考えるようになりました。認知とは，私たちの物事のとらえ方の特徴を指し，理解，判断，記憶などが含まれます。特に人間の場合，外的刺激に対して機械的に行動するのではなく，その際の認知や情緒によって行動が変わってきます。認知は私たちの行動を決定するうえで，とても重要な働きを持つものなのです。

(2) ベックの認知理論

　アメリカの精神医学者ベック（Beck, 1963）は，うつ病患者が特有の認知的傾向を有していることに着目し，その認知を変容することが治療の鍵となると考えました。たとえば，学校で友達に呼びかけても返事がなかったとき，「聞こえなかったのかな」ととらえてさほど

気にしない人もいれば,「自分のことが嫌いになったのだ」ととらえて落ち込んでしまう人もいます。うつ病患者は,とかく後者のようなネガティブな認知をしやすいのです。したがって,ベックはうつ病患者の認知を変容することが治療の鍵であると考え,認知療法を打ち立てました (Beck, 1963)。

認知行動療法とは,これら行動療法と認知療法を発展させ,さまざまな技法やアプローチを用いて心身の問題を治療しようとする心理療法の総称です。つまり,望ましい行動を学習したり,不適応的な認知を修正したりすることによって,適応的な認知や行動を獲得することを目的とした心理療法だといえます。

(3) 認知行動理論からみた犯罪

このように,元来うつ病の治療として始まった認知行動療法ですが,現在はさまざまな精神障害や問題行動の治療に活用されるようになり,犯罪・非行もその対象になるに至ったのです。うつ病患者に独特の認知のパターンがあったのと同様,犯罪者や非行少年にも彼ら特有の認知のパターンがあります。たとえば,何かもめごとがあったとき,多くの人は話し合いで解決したり,誰かに仲裁を頼んだりしますが,「もめごとの解決には暴力が一番だ」という認知を有している人もいます。このような人は,簡単に暴力を振るい,それが暴行や傷害という犯罪行為につながるわけです。

あるいは,「薬物は落ち込んだとき気持ちをハイにしてくれる良いものだ」という認知を有している人は,抵抗なく覚せい剤や大麻などの違法薬物に手を染めるでしょう。このような犯罪や非行に至りやすい認知をボンタとアンドリュース (Bonta & Andrews, 2017) は,反社会的認知とよんでいますが,これが犯罪者や非行少年に共通する最大の特徴であり,犯罪・非行の原因の最たるものの1つなのです。したがって,このような認知を修正していくことが,犯罪・非行治療の鍵となります。

さらに,暴力に代わる問題解決法を訓練したり,薬物に頼らないで気持ちを切り替える方法を学習したりすることも大切です。このように,物事に対処する新たな方法を学習させることをスキル訓練とよびます。スキルとは,技術という意味です。

4. 具体的な治療内容

それでは，具体的にどのように犯罪者や非行少年の治療を行っているのかをみてみましょう。わが国の刑務所では，薬物依存改善指導として，「日本版マトリックス・プログラム（J-MAT）」という認知行動療法に基づいた治療プログラムが活用されています（原田，2010；2012）。元来アメリカで開発された治療プログラムですが，これを日本の薬物犯罪者の治療に適した形に改めたものが，このJ-MATです。そこでは，薬物使用に至る引き金を分析し，適応的なスキルを学んだり，薬物に対する認知を変えたりすることが治療の中心となっています。

薬物使用に至る引き金にはどのようなものがあるのでしょうか。一番多いのは，仲間からの誘いです。自分ではもう薬物をやめようと決心したとしても，悪い仲間との付き合いを続けていると，薬に誘われて断りきれずにまた手を出してしまうということがとても多いのです。この場合，図4-1のようなパターンが考えられます。

薬物使用者には，このほかにもたくさんの引き金があるので，治療プログラムの中では，それを思い出してもらい，危険な引き金をどのようにして回避するかを考えてもらいます。たとえば，仲間に誘われたときに，どのように断るか。これはなかなか難しいものです。つまり，それなりのスキルが必要です。そのため，上手な断り方の練習（スキル訓練）が必要になります。さらに，このような仲間とは今後付き合わないことが一番なので，どのようにして縁を切るか，たとえば引っ越しをしたり，携帯の連絡先をブロックしたりということを具体的に考えて実行します。

また，もう1つの危険な引き金として，気持ちの落ち込みやイライラなどの感情があげられます。私たちは嫌なことがあったり，気持ちが落ち込んだりしたとき，友達に相談したり，スポーツをして汗を

▲図4-1　薬物使用のパターン（1）

```
気持ちの落ち込み  →  薬物使用  →  一次的な気分転換, 発散
   (引き金)                              (強化)
```

▲図 4-2　薬物使用のパターン（2）

流したりして発散します。これは気持ちの切り替えのために，私たちが有しているスキルです。これまでの生活の中で，このようにすれば気持ちがスッキリするということを学習してきたため，知らず知らずのうちにこれらのスキルが身に付いているのです。しかし，薬物使用者は，落ち込んだときなどに薬物を使うことで気持ちの切り替えを図っていたという人がとても多いのです。この場合，図 4-2 のようなパターンが成り立ちます。

したがって，治療プログラムの中では，まず気持ちの落ち込みが薬物使用の引き金となりやすいことを自覚させることが大切です。次に，それに対処するスキルを考え，学習して身に付けていくのです。先に述べたように，誰かに相談したり，体を動かしたりするのは良いスキルです。ほかにも，深呼吸する，気持ちを紙に書く，瞑想するなども良いスキルです。何も薬物に頼らなくても，つらい気持ちの切り替えはできるという体験ができれば，「クスリは気持ちの切り替えに良いものだ」というそれまでの認知も変わります。そして薬物使用という行動も変わっていくのです。

5. 犯罪心理学専門家の役割

(1) 心理学の専門家に求められること

かつてのように職業訓練や刑務作業が少年院や刑務所での処遇の中心であった頃，心理学の専門家の活躍できる範囲は限られていました。しかし，これまで述べてきたように，少年院や刑務所では科学的なエビデンスに支えられた改善更生プログラムが次々に導入されており，心理学の専門家が活躍できる範囲が格段に広がってきています。こうした犯罪心理学の研究知見に基づく更生プログラムの指導を担うことができるのは，犯罪心理学の専門家にほかなりません。

それでは，実際にどのような専門家が望まれているのでしょうか。第一に，犯罪心理学にとどまらず，基本的な心理学的知識をきちんと

身に付けることが大切です。生理心理学，知覚心理学，認知心理学，人格心理学，学習心理学，発達心理学など，さまざまな基礎的心理学の知識に加えて，教育心理学，社会心理学，臨床心理学など応用心理学の知識も必要になります。

　第二に，認知行動療法の知識を有していることも必要でしょう。心理療法にはさまざまな流派があると述べましたが，特に犯罪・非行の治療に対して効果がある認知行動療法の理論や実践に通じた人が求められます。

　第三に，科学的なものの見方・考え方のできる人です。天動説と地動説のところで説明したように，自分の主観的な思い込みや直観で物事をとらえて独りよがりな判断をする人では困ります。客観的なデータを重んじ，科学的な研究知見をもとに，エビデンスに基づいた意思決定のできる専門家がますます求められる時代になってきています。

　これらは，もちろん大学で心理学を学ぶ中で身に付けてほしいものですが，同時に自分でも心理学の専門書や論文を読み，自己研鑽に励まないとなかなか身に付かないものだといえます。さらに欲を言えば，日本語の文献だけではなく，英語の論文などを意欲的に読んでほしいと思います。なぜなら，最新の研究は英語でまず発表されるからです。したがって，十分な英語力を身に付けることもとても重要です。

（2）実際の仕事

　具体的な治療の内容については，すでに述べたとおりですが，少年院や刑務所で非行少年や受刑者相手に心理療法を行う場面を具体的にイメージすることはなかなか難しいと思います。多くの人は，「危ない目に遭うのではないか」「なかなか言うことを聞いてくれないのではないか」という懸念を抱くでしょう。

　しかし，そのような心配は不要です。筆者自身，これまでこうした場面で仕事をしてきて，危ない目に遭ったことは一度もありません。実際，ほとんどの非行少年や受刑者は，とても熱心に誠実に更生プログラムを受講しています。それは，やはり彼ら自身も「もうこんなところはこりごりだ」「もう二度と悪いことはしたくない」「変われるものなら変わりたい」という真摯な気持ちを持っているからです。

　もう1つとても重要なことは，指導者側の態度です。指導者が彼

らを見下したような態度をとっていれば，向こうも指導者に反感を抱き，反抗することもあるでしょう。少年院や刑務所の現場で働く心理学の専門家は誰でも，相手がたとえ犯罪者であっても，同じ一人の人間として尊重し，敬意をもって接しています。もちろん，彼らが行った犯罪自体は非難されるべきものですが，心理学の専門家が仕事をする相手は，過ちを反省し自分の問題を克服して，そこから立ち直ろうとしている人々なのです。その気持ちや努力に敬意を払うのは決して難しいことではないはずです。

　犯罪を許容しようというのではなく，犯罪を憎み，さらなる犯罪を防止したいという気持ちは，私たちが皆等しく抱いている願いです。その目的のために，最も効果がある方法は，罪を犯した人を必要以上におとしめたり，懲らしめたりするのではなく，同じ一人の人間としてその立ち直りを支えることであり，それが，少年院や刑務所で働く犯罪心理学者の仕事なのです。

現場の声 6

刑務所における笑いと犯罪心理：緊張と緩和

　2015年2月より，ある男子刑務所の「釈放前教育」の授業を毎月4コマ持っています。筆者の授業は「満期釈放前」の受刑者が対象です。その刑務所には初犯で10年弱から無期懲役の人が大勢収容されています。

　筆者の授業のメインテーマは，「コミュニケーション力（コミュ力）」を身に付けてもらうことです。そもそも対人関係において「コミュ力」の不足から，犯罪を犯してしまった人が多い中，まさに社会復帰後に必要な「コミュ力」を知り，理解し，身に付け，活用することであるということを話しています。「コミュ力」とは，人間の間で行われる知覚・感情・思考の伝達のことなどをいいますが，情報の伝達だけでは充分に成立したとはいえません。ここには「意思の疎通」「心や気持ちの通い合い」「互いの理解」などが必要で，筆者はこれらのことを「心のキャッチボール」とよび，「キャッチボールは相手の力量に合わせて，楽しんで続けるものです」と説明しています。

　実は，筆者は「お笑い」の吉本興業に35年近く勤め，プロデューサーとして多くの芸人と関わったり，イベントや番組，映画や劇場，本などを作ってきました。それらの経験をもとに，いくつかの授業プログラムを実施しています。

　今回，その中でも心理学や犯罪心理学の考えに基づいた「自分史を書こう」という講義内容について説明させていただきます。

　「自分史」は，決して偉人や成功者だけのものではありません。あらゆる人間がそれぞれの歴史を持っています。それを少しずつ認めていけば「自分史」になります。この「自分史の作成」の中では「今日は自分が自分にインタビューして情報収集をしよう。遠慮せず，何でも具体的に質問し，本音を聞き出そう。聞きだめができたらそれが『自分史』になる」と冒頭で話します。

　インタビューとは相手に興味を持ち，気になることを質問し，それに答えてもらうことで相手の考え方や哲学を深掘りしていくものです。この授業ではモニターには，まず「過去：10歳の頃，大人になったら，どんな職業に就きたいと思っていますか？」と映し出し，10分ほど自分にインタビューしてもらいます。それが終わると次は「未来：自分が死ぬ間際，過去を振り返って，誰に何を伝えたいか？」そして最後に「現在：今，どこに行って，何をしたいか？」と順にインタビューをしてもらいます。

　「過去」の例題として「今は学校の終わり，誰と何をして遊んでいましたか？」「この前の夏休みは誰かとどこかに行きましたか？」などの質問をし

てもらうと,「○○くんたちと野球をやっていました」「△△くんの家に行って漫画の本を読んでいました」などと書いてくれますが,1つだけ必ず聞いてほしいことは先に書いた「将来どんな職業に就きたいと思っていますか?」です。

ここでは「野球選手」「エンジニア」などと具体的な職業を書いてくれ,続いて「実際にその仕事に就いたことがある人は?」と筆者からインタビューしたとき,一人の受刑者が「なりたかった職業が大工さんで,実際には家具職人になりました」と話したので,みんなで「素晴らしい」と拍手をしました。ただ筆者は,そこでひと言「でも今ここにいてたらアカンやん」というと皆が笑います。笑いの生まれるときによくいわれる「緊張と緩和」です。

テレビの人気番組「笑ってはいけないシリーズ」では学校や病院,警察などが舞台として設定されており,基本静かにしておかねばならないという「緊張」の中,あの手この手で笑わせにかかる「緩和」を持ち込み,堪え切れなくなるとき,芸人たちは吹き出してしまうのです。

「未来」では,年老いた自分を想像して,その人に話しかけてもらいます。それらを読むと「迷惑をかけたおばあちゃんに感謝の気持ちを伝えたい」「嫁さんや子どもに迷惑をかけたことをもう一度,謝りたい」などとあります。実はこのときに聞きとってきた言葉は実際には現在の心境を語っているようです。

そして最後に「現在」についてのインタビュー。ここではまさに今の欲求を聞くので,筆者にとっては楽しい質問です。「大きい風呂に入りたい」「コンビニでアイスクリームを買って食べたい」「迷惑をかけた人に謝罪に行ってから,その帰りにタバコを買って一服したい」など,いろいろと出てきます。「現在」に関しては本人に読み上げてもらった後に,他の受刑者にも感想や意見を述べてもらうようにしています。「○○くんはどう思う?」と聞いてみます。すると「ボクは風呂に入った後,すぐに冷えたビールを飲みたいです」とか「南の島のビーチで昼寝」などと話してくれます。そのとき「楽しいキャッチボールとはこういう感じやね」と加えます。自分自身が素直に思ったり,感じたことがポッと口から出てきて,楽しい会話になっていくことだということを伝えます。

彼らの多くは長期にわたり,施設にいたので,以下のような癖が目立ちます。「号令をかけられないと動き出せない」「自分から積極的に話し出せない」「自分の意見をハッキリと伝えられない」などです。

緊張感溢れた矯正施設での生活から「社会復帰」を前に対人関係を柔軟にとらえてもらい,「ヒトは助けられ,助けることを交換しあって生きていく」ことに気づいてもらおうという「緊張と緩和」が筆者の授業なのです。

現場の声 7

刑務所：成人へのアプローチ

　裁判の結果，身体拘束を伴う刑罰が確定しその刑に服することとなった人（受刑者）は，刑事施設（刑務所・少年刑務所・拘置所）に収容されます。刑事施設では，受刑者に対し改善更生・社会への円滑な復帰などを目的とするさまざまな処遇を行っています。心理職は，刑罰が確定してすぐの段階で受刑者と面談を行い，問題の程度や内容について客観的に分析し，その後の処遇におけるいわば「処方箋」をつくる役割を担っています。また，処遇には心理療法をベースとした集団形式のプログラム（改善指導といいます）があり，これを担当したり，個別にカウンセリングを行ったりします。

　ここで，犯罪者というと，「得体の知れないモンスター」などといった想像をされるかもしれません。確かに，凶悪な事件が起きた際，テレビ等で描かれる犯人像はそのようなものである場合が多いです。しかし，犯した罪の内容やその深刻さにかかわらず，心理職として彼らの生活歴について調査をしながら，彼らがなぜ犯罪に及んだかについて考えていると，「自分とこの人を分ける境界は一体何なのだろう」といった気持ちになることが少なくありません。たとえば，外形的には物理的・心理的な負荷の少ないように見える生育環境，本人の能力や地位等がありながら，生育する中で育まれた，あるいは育まれなかった心理的な要因が犯罪につながっていることがあります。それは他者からは見えにくい分，救いの手を差し伸べられにくいものであり，本人にとっては苦しい経験・生きづらい思いをしてきたものと思われます。程度の差はあるかもしれませんが，こうした苦しい経験は誰にもあることであり，犯罪者になる前に手立てはなかったか，などとやるせない気持ちになることがあります。

　また，「このような環境の中でよくここまで生きてこられたな」という例もみられ，語弊のある言い方かもしれませんが，犯罪が「生きるための手段」（金銭や住居等の物理的な意味だけではなく）となっていることも少なくありません。つまり，犯罪があったから生きてこられたということです。こうした例では，厳しい生育環境の中，絶望や無力感を封印して生きる人間の「防衛機制」の力を目の当たりにします。そのような人たちは，一見すると自分の生い立ちを受け入れているかのようで，あたかも覚悟を持って犯罪に及んでいるように見えます。こうした人たちを目の前にすると，犯罪は生きる手段であるから，それを奪うだけでは解決にはならないし，やり直すにはあまりに長く深い歴史を背負っているため，途方に暮れる気持ちになります。

　このように，彼らは突然変異で出現した「モンスター」ではなく，犯罪

に至るまでには必ず理由があります。むろん，それが犯罪の言い訳にならないのは当然のことで，罪を犯した人はきちんと罪を償い，犯罪を二度と繰り返さないようにする必要があります。そのためには，「悪いモンスター」と一刀両断し，罰を課すだけでは不十分なのです。罪を犯した人は，いずれ社会に帰ります（全受刑者のうち，刑期2年以下の者が最も多く，男性では全体の約60％（女性は約70％）を占め，無期懲役を含む5年以上の刑期はわずか約5％（法務総合研究所，2015））。そのときのために，立ち直るためのサポートを得ながら，修正するべきころは修正し，身に付いていないものは身に付けることこそが重要です。身に付いている価値観や態度が暴力的であったり反社会的であったりする場合は，それを修正する必要があります。また，求める目標は向社会的であるのにもかかわらず，それを得るための適切な方法が身に付いていない結果，逸脱した方法をとって犯罪に及んだ場合（たとえば，異性と親密な関係を築きたいが，相手の気持ちに配慮しながら近付いていくことができず，こっそり接触できる痴漢という方法をとるなど）は，あらためて適切な方法を身に付ける必要があります。心理職は，彼らの現時点で身に付いているもの・身に付いていないものを把握し，逸脱した方法に代わり得る・その人ができ得る目的達成の方法等について具体的に考え，彼ら自身が立ち直りに向けて前向きに取り組む支援を行っています。

　このように彼らと関わる中で，一人の人間として，彼らの及んだ犯罪自体には，時にこれまで感じたことのないような怒りを覚えることは確かです。心理職としても，犯罪自体を弁護することはありません。すべては被害者をこれ以上出さないために，彼らが二度と間違った道を選ばないよう，絶望せず，一喜一憂せず，日々サポートに努めることが大事だと考えます。

第5章
地域防犯活動における司法・犯罪心理学

活かせる分野

1節　防犯研究：犯罪予防理論

犯罪心理学は犯人の検挙や矯正など，すでに起こってしまった犯罪に対するアプローチだと考えられがちですが，それだけではありません。心理学の知見を用いて，どうすれば犯罪を防ぐことができるのかを考え，分析や実践を行う防犯研究があります。そしてそれら防犯研究では，さまざまな犯罪予防理論が生み出されています。その代表的なものをいくつか紹介します。

1. 守りやすい空間

1954年，アメリカのミズーリ州セントルイスに，低所得者向けの集合住宅プルイット・アイゴー（Pruitt-Igoe）が建設されました。この11階建て43棟の大規模な集合住宅は，多くの犯罪に悩まされ，治安は悪化し続けました。

オスカー・ニューマン（Newman, O.）はこの公共住宅の環境デザインが犯罪を誘発しているのではないかと考え，そして，ある場所を犯罪から守るための「守りやすい空間（defensible space）」という理論を提唱しました（Newman, 1971）。その中心的な考えは，以下のとおりです。

【領域性】 その場所が「私たちのもの」であると認識させ，そこを守ることに責任と正当性を感じさせるために物理的，象徴的な障壁という方法を提案しています。象徴的な障壁とは，たとえば，低い柵のような簡単に乗り越えられるものの，進入禁止の意図を感じさせるようなデザインのことです。このような障壁を設置することで，外部の人間の侵入をためらわせることができます。

【自然監視】 守るべき環境を内側および外側からの視界を最大にするために，デザインを工夫することが重要です。

【イメージ】外部からの侵入者を防ぐために，住民たちが自分たちの住環境へのイメージを向上させることで，自分たちの力で守っていこうというモチベーションを持つことが重要です。

2. CPTED

環境デザインによる防犯研究はニューマンだけでなく，他の研究者たちによっても提唱されています。たとえば，ジェフリー（Jeffery, C.）はこれまでの犯罪理論が「人」に注目しすぎていたことを批判し，「環境」の重要性をとく CPTED（Crime Prevention Through Environment Design；防犯環境設計）という考えを提唱しました（Jeffery, 1971）。主な方法としては，犯人が対象物に接近しにくいようにする，監視性の確保などです。この理論では，居住者の存在にあまり比重を置いていないため，住居に限らず，商業施設や公園や乗り物などの公共施設などより広い対象に応用可能なことが特徴です。

3. 状況的犯罪予防

イギリス内務省調査部は，1970 年代中期に「状況的犯罪予防」（situational crime prevention）の研究を開始しました。状況的犯罪予防では，犯罪を作り上げる社会や制度上の問題の改善ではなく，犯罪を行う機会を直接的に減らすことを目的としています。つまり，犯罪者の意思決定過程を考慮に入れた防犯理論であり，この背景には犯罪者の合理的選択理論という考え方があります。

合理的選択理論では，①犯罪が成功する可能性と失敗して逮捕される可能性，②犯罪によって得られる利益，③逮捕されたときの罪の重さ，④犯罪にかかるコスト（犯罪行為や準備に必要な労力，時間など）を

考慮して犯罪者は犯罪を実行すると考えられています（羽生，2011）。つまり，犯罪者は犯罪によって得られるメリット（利益）が，犯罪によって発生するデメリット（逮捕可能性やコスト）を上回る場合に犯罪を行い，逆に犯罪によって得られるメリットがデメリットを下回る場合には犯罪者は犯罪を実行しないとする考え方です。この理論に従うと，監視カメラの設置や見通しを良くすることは犯行を目撃されるかもしれないというリスク（デメリット）を増大させ，店頭に多額の現金や高額商品を置かないことで犯罪を行うメリットを減少させることができると考えられます。このように犯罪者自身などの「人」ではなく犯罪を行う「状況」に焦点を当てた犯罪予防を状況的犯罪予防といいます。

2節　日本における防犯活動

　アメリカでは1970年代に環境デザインによる犯罪予防「CPTED」の試みが始まりましたが，日本では1979年に警察庁が行った「都市における防犯基準策定のための調査」が始まりでした（小出，2003）。この調査は，都市犯罪の現状や犯罪の発生要因ならびにその対策などを都市工学的な視点から調査し，環境設定による「安全なまちづくり」を目指したものです。

　その後，「連続幼女誘拐殺人事件」（1988～1989年）や「神戸児童連続殺傷事件」（1997年），「池田小学校児童殺傷事件」（2001年）といった凶悪な事件の発生が要因となり，社会全般の犯罪不安感が大きく高まったため，学問的な理論や系統だったシステムとしての安全・安心なまちづくりが形成されていきました。さらに，街頭犯罪（車上ねらいや自転車・自動車盗み，ひったくりなど）の増加も相まって，建設省（当時）と警察庁の合同による「安心・安全まちづくり手法調査」が1997～1998年にかけて実施されました（桐生，2011）。

　防犯活動の対策には，屋外照明の改善や監視カメラの設置，窓ガラスや鍵の強化といったハードな面と，地域ボランティアによる見回り活動や教育機関などが行う子どもへの防犯教育といったソフトな面があります。また，街や住宅を守るための活動と子どもや女性，高齢者など犯罪被害のリスクが高い対象を守る活動とに分けることができま

す。警察では，これらを横断的にとらえながら，取り組みを行っています（桐生，2011）。

2014年，警察庁は「通学路等における子供の犯罪被害防止対策の推進について」（2014年2月6日）を各都道府県警察の長に通達しました。ここでは，子どもの安全を確保するため，関係機関や団体および地域住民等と連携して，①地域における犯罪の発生実態や不審者情報を踏まえて，通学路や公園等の子どもが被害に遭いやすい場所および登下校の時間帯などに警察官，スクールサポーター等による警戒活動を行うこと，②子どもの犯罪被害や不審者情報を迅速かつ正確に把握し，教育委員会，学校，地域住民，保護者，児童等に対して，事案の概要および防犯対策に役立つ情報を各種広報媒体を活用してタイムリーに提供すること，③地域における見回り活動の推進および通学路等における環境面の改善，④被害防止のための防犯教育の推進について記載されています。

1. 被害情報発信活動

各都道府県警察では，「女性や子どもに対する声かけ等事案」や「身近な犯罪の発生状況」を地域住民に対して情報を発信する活動を行っています。たとえば，警視庁では「犯罪情報マップ」を用いて，町丁目あるいは市区町村単位での事案や犯罪の発生状況を地図上に表示する取り組みを行っています（図5-1）。

※犯罪情報マップから転載

▲図5-1　千代田区における不審者情報マップ
（警視庁，2017a）

> 3月24日（金）、午後2時00分ころ、調布市染地3丁目の路上で、児童（女）が通行中、男に声をかけられました。
>
> ■声かけ等の内容
> ・止まれ
> ・待て
>
> （不審者の特徴については、　不審者は、年齢２０歳くらい、身長１８０センチくらい、体格普通、黒髪短髪、黒色トレーナー、黒色ジーパン、黒色スニーカー、黒色ショルダーバックの男で、児童に対し、意味不明の言動を繰り返しながら声を掛けたもの。）
>
> 【地図】http://www3.wagamachi-guide.com/Mail-Keishicho/index.asp?adr=13208015003
> 【問合せ先】調布警察署　　　　　　（内線　　）

※警視庁管内不審者情報から転載

▲図 5-2　メールけいしちょうの文例（警視庁，2017b）

　犯罪情報マップは原則として 2 週に 1 度の更新ですが，事案や犯罪などの情報をタイムリーにメールで提供してくれるサービスもあります（図 5-2）。警視庁では「メールけいしちょう」，大阪府警察では「安まちメール」など名称はさまざまですが，どの都道府県警察でも，犯罪などの情報をタイムリーに提供することや情報の欲しい地域や種類（犯罪の種類や防犯情報など）を選択できるといった特長があります。

2．通学路の安全対策および被害防止教育の推進

　警察では，子どもが安全に登下校することなどができるように学校や防犯ボランティア等と連携しつつ，通学路等のパトロールや防犯教室，地域安全マップ作成会等を関係機関・団体と連携して開催しています（警察庁，2016）。

　たとえば，2015 年 10 月から 11 月にかけて，千葉県柏市の小学校では，化学警察研究所，千葉県警察および柏市教育委員会との連携のもと，社会科授業の一環として，同研究所が開発した「聞き書きマップ」（GPS 受信機，デジタルカメラおよび IC レコーダーと併用することで，各地域の安全点検を行う際の歩行経路，写真の撮影地点および録音した音声から「聞き書き」したメモを地図データ上に記録することができるソフトフェア）を活用して通学路の安全マップを作成しました（警察庁，2016）。

第 5 章　地域防犯活動における司法・犯罪心理学

3. 前兆事案の対策

　声かけなどの不審者遭遇情報は，その後の性犯罪発生のリスクを高める前兆事案としてとらえることができるという報告があります（菊池・雨宮・島田・齊藤・原田，2009）。前兆事案とは，声かけ，つきまとい，痴漢（強制わいせつに至らない行為），覗き・盗撮，身体露出，その他不審行為が含まれます。つまり，声かけなどの前兆事案は，その後，より凶悪な事件に発展する可能性があるため，事案発生後に見回りを強化するなどの早期対策が求められます。

　このような前兆事案の発生情報も，前述した「メールけいしちょう」や「安まちメール」などの情報提供サービスを用いることでタイムリーに情報を得ることができます。

3節　情報提供サービスを用いた前兆事案の研究

　さて，各都道府県警察が配信している情報提供サービスは地域住民の犯罪予防対策のために開発されたサービスですが，それらを用いて防犯研究を行うこともできます。ここでは，池間・入山・桐生（2015）の行った前兆事案に関する犯罪心理学的な研究を紹介します。池間ら

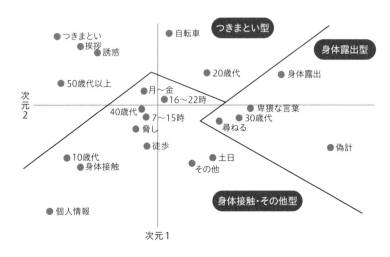

▲図 5-3　声かけ事案の空間マッピング

(2015)は大阪府警察から配信される情報提供サービス「安まちメール」を用いて，2013年6月から2014年の間に配信された13歳未満の子どもに対する声かけ事案124件を分析しました。その結果，事案の種類ごとに声かけの内容が異なることが明らかとなりました。

　図5-3で示したように，3つの型に分かれています。まず，性器などを露出する「身体露出型」の事案では，犯人は子どもに対して「お母さんの友達だよ」「おじさんは魔法使いだよ」など偽計を用いたり，道を尋ねたり，卑猥な言葉をかけることが多いことがわかりました。また，子どもを触ったり，写真を撮る「身体接触・その他型」の事案では，犯人は子どもに「名前を教えて」「どこの学校？」など個人情報を尋ねたり，「おい」などの脅し文句を使うことが多いことがわかりました。また，子どもにつきまとう「つきまとい型」の事案では「おうちまで送るよ」など誘惑したり，挨拶を行うことが多いことがわかりました。

　つまり，身体露出や身体接触などの行為を伴わない声かけだけの段階であっても，後にどのような事案や犯罪に発展するかが予測することが可能であることがわかります。もちろん，これらの内容の声かけが行われたらすべて事案や犯罪に発展するわけではありませんが，被害者を1人でも多く減らすための警戒は必要だと考えられます。

　また，池間ら（2015）の研究は大阪府を対象に行われていますが，大阪府以外の地域でも同じ手法で研究を行うことが可能です。さらに，都道府県単位ではなく，さらに小さな市区町村単位で研究を行うことで，よりその地域に特化した結果を得ることができます。その結果を活用することができれば，地域にあった効率的な防犯活動を，犯罪心理学的手法を用いて行えるかもしれません。

　たとえば，田村（1992）や渡邉（2006）の研究で明らかになった幼少児誘拐，わいせつ事件，暴行傷害事件の犯罪情報の分析結果を用いれば，具体的な子どもを守る防犯活動が可能になると考えられます。これらの研究結果から，

　　a 自動車を使用する犯人は「20歳以上で，精神障害者は少なく，妻子持ちが多く，有職者で経済的にも中流である」，また中年以降の自転車使用者の半数は「精神的な障害を有する者」である。
　　b 自転車を使用する犯人は「半数が少年」である。

c 徒歩により犯罪を行う犯人は「全体の半数を占めるが，中年以降の者にはアルコール問題を持つ者が多い」

という傾向が明らかになっています（田村，1992）。
　また，子ども被害の粗暴犯の場合は，

　d 小学生被害よりも幼児被害のほうが，加害者に女性が多く，面識のある場合が多い。
　e 被害者と面識のない粗暴犯の場合，移動手段は，徒歩，自転車による移動が多く，犯罪現場の近隣に住む者が多い。

ことも明らかになっています（渡邉，2006）。
　すなわち，犯人の交通手段や被害者の年齢や加害者の移動手段によって，防犯ボランティアが注意すべき人物像が明確となってきます。そして，このような基礎的なデータに加え，地域固有の犯罪情報をフィールドワークやインターネット上などで配信される警察データなどから得ることで，より具体的な防犯活動が望めるものと考えられます。

4節　地域ボランティアの意識についての研究

　次に，地域防犯ボランティアに対する心理学的研究を紹介します。これまで，地域住民と犯罪に対する不安感やリスク認知との関連（島田・鈴木・原田，2004），犯罪被害と犯罪不安感との関連（島田，2008），犯罪情報が母親の犯罪不安に及ぼす影響（荒井・藤・吉田，2010）などの研究はありますが，地域防犯ボランティアに対し，現在の問題点を検討するための調査や研究は，あまりありませんでした。たとえば，荒井ら（2010）は，母親らの犯罪や防犯の認知について，①社会の治安悪化に関する認知が地域連携に基づく防犯活動を促すこと，②自分は犯罪に遭わないという楽観的な認知は，地域連携による対策（負担大）を抑制し，防犯ベルやGPS機能付き携帯電話などによる自己防衛対策（負担小）を促進させること，③家族の被害リスクや犯罪被害への不安は，防犯行動とは結びつかないこと，などを明らかにしています。しかし，このような傾向が，地域防犯ボランティア

においてもみられるのかどうかは不明でした。

　そこで桐生（2015）は，地域防犯ボランティアの犯罪情報の影響や防犯活動の意識を調べるため，2010年11月から2012年7月の間，兵庫県内の地域防犯活動が盛んな5つの地域（加古川市，三木市，明石市，西宮市，尼崎市）にて，各自治会や市役所などを通じて質問紙を配布し，地域防犯活動，犯罪への不安感や認知などの調査を行いました。

　調査の対象者は，各市とも，ボランティアとして児童の登下校パトロールなどを行う高齢者およびPTAの方々です。またこの調査では，未解決の女児殺害事件が発生した加古川市＊とその他の4市において，身近で女児が殺害された地域の犯罪に対する不安感や防犯意識についても検討しました。

　質問紙調査の詳しい内容は割愛しますが，防犯意識に関する項目，また荒井ら（2010）を参照とした合計16項目の質問項目，最後に自由記述などによる構成となっています。

　その結果，①地域防犯ボランティアの中心年代は60歳代，70歳代であったこと，②ボランティア活動を行っている地域は他の地域よりも犯罪は少なく，自らの地域の防犯活動は活発であると思っていること，③女児殺害事件は，防犯意識に影響を与えたと思っていることが示されました。そして，この女児殺害事件は，60歳代のボランティアへ，また発生した加古川市と近隣市の明石市へ，それぞれ，より多く影響を与えていたことが明らかになりました。

　また，現在の犯罪事象においては，「自己の犯罪被害のリスク」「社会全体の治安の悪化」「犯罪被害者への共感」といった3つの意識構造がうかがわれました。これらの犯罪や防犯に関する意識は，すべて，男性よりも女性のほうが高く感じており，自己被害リスクや社会治安悪化は，他の地域よりも現在住んでいる地域の犯罪が多い，と感じている人ほど，高めに評価していることが示唆されました。なお，ボランティアの方々の犯罪情報は，新聞からの入手が中心であり，その傾向は女性よりも男性において高いものでした。

＊　加古川市における女児殺害事件とは，2007年10月16日午後6時ごろ，加古川市内の被害者自宅前で，当時7歳のYちゃんが胸と腹の2箇所を刃物で刺され，殺害された事件です。当時，兵庫県内の地域防犯ボランティアに大きな衝撃を与えました。

以上，犯罪心理学の視点から質問紙調査を行い，地域防犯ボランティアの心理的な面を調査することで，これからの防犯活動のあり方が検討可能となると考えられます。

現場の声 8

行政における防犯への取り組み

　兵庫県尼崎市では，ひったくり認知件数が，兵庫県内の約3割を占める等，街頭犯罪が多発している状況でした。この喫緊の課題，すなわちひったくり防止という課題を稲村和美尼崎市長の特命のもと，2013（平成25）年度から街頭犯罪防止事業として着手しました。

　筆者はその年度に担当部署である生活安全課長として着任しましたが，当時は市民向け街頭犯罪防止講座や自転車のひったくり防止カバーの着用推進といった啓発事業が中心で，早期に効果が見込めるような施策の実施には至っていませんでした。そのため，この事業に着手したものの，市の実施する事業の効果に自信が持てずにいたのです。なぜなら，尼崎市には45万人の市民が暮らし，大阪と神戸の中間に位置した地理的特徴から，他都市からの通勤・通学者等たくさんの人が行き来する都市であり，それら多数の人々に対して，啓発だけでひったくりを防止することは難しいと感じていたからです。

　そんなとき，兵庫県主催の防犯フォーラムが尼崎市で開催され，犯罪心理学者である桐生正幸氏の基調講演を公聴する機会に恵まれました。講演の中で，桐生氏は「通常，行政が行う防犯事業は被害者を対象に施策を実施することが多い。つまり，被害者に対し被害に遭わないように防犯意識をしっかり持ちましょうといったことが中心だ。しかし，効果的に街頭犯罪を防止しようとするのなら，施策の対象を犯人に向けることが大切であり，犯人に対して行政が本気で犯罪に立ち向かう姿勢を打ち出すことが最も重要である。特にひったくりは計画性の高い犯罪で，防止に向けた強い姿勢を見せることは，犯人に対して心理的な圧迫を与えることになり，犯罪を抑止することができる」と話されました。

　この講演をきっかけとし，筆者の防犯事業に関する考え方は，被害者という不特定多数を対象としたものから，犯人という特定少数を対象とした事業へと転換していきました。また，桐生氏には尼崎市の防犯アドバイザーとしてご協力いただけることになりました。その後，市はひったくり防止に向けたさまざまな取り組みを行いましたが，「犯人に対して市の強い姿勢を示す」ことは一貫した事業テーマとなりました。

　まず，筆者たちが最初に取り組んだことは，市の姿勢を内外に示すことです。つまり，潜在的なひったくりの犯人に対して，本気で取り組んでいることを心理的にアピールすることです。この件に関しては，稲村市長から「私が先頭に立って犯人に立ち向かう」という力強いお言葉をいただきました。そして，「高齢者や女性を狙うひったくり犯を私たちは許さない」

との市長の決意を盛り込んだ「ひったくり撲滅宣言」を、2013年9月2日に阪神尼崎駅で行った「尼崎ひったくり撲滅キャンペーン」において市および警察、防犯協会、兵庫県との共同声明として表明しました。これについては、新聞等のメディアでも大きく取り上げられました。このように犯人に対して尼崎市がメッセージを送るうえで、メディアに取り上げられることは重要な戦略の1つでした。通常、行政の情報は、市のホームページや市報等で発信されますが、若い世代や勤労世帯には中々情報が行き届かないことが現状です。ましてや、ひったくり犯が市の刊行物に興味を持っているとは考えにくいと考えられます。そこで、筆者た

尼崎ひったくり撲滅キャンペーンの様子

市の防犯パトロール車

ちが考えたことは、先進的な防犯事業を企画し、注目を集めることでマスコミの取材を受け、広く市の取り組みをPRすることで事業効果を高めるという戦略でした。

　最も効果的であったと考える事業は、桐生氏の専門分野である犯罪者プロファイリングの手法を取り入れた、市職員による防犯パトロールの実施です。犯罪者プロファイリングの具体的な手法の説明については、ここでは詳細に触れませんが、筆者たちは尼崎市で発生した過去のひったくり状況を統計的に分析しました。そして、ひったくり犯が計画的・連続的に犯行に及ぶという心理を踏まえて、犯人が次に狙う場所、犯行時刻等を推測し、先回りしてひったくりの未然防止を図ることを意識したパトロールを行いました。

　さらには、2015年には、推測した犯人の逃走経路に少数の防犯カメラを効率的に配置し、犯人の行動に合わせて設置場所を変えていく移動式防犯カメラ設置事業を開始し、犯罪者プロファイリングを活用した事業手法は大きな反響となり、テレビや新聞等、マスコミ

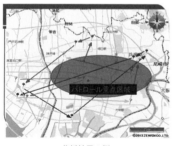

分析結果の例
プロファイリングにより犯人の行動パターンを推測し、パトロールの実施方法を決定した。

に何回も取り上げられました。

　それらさまざまな取り組みの結果，2012年は258件発生したひったくりは，2018年には平成に入って最低となる16件となり，もはや尼崎市特有の犯罪ではない状況となりました。

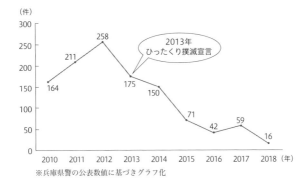

ひったくり認知件数推移

保険金詐欺対策における犯罪心理学の活用

　筆者は長年，損害保険会社において損害査定業務（保険金算定や事故原因解析）を担当してきたとともに，保険制度を悪用した不正請求に関する調査研究を進めています。損害保険制度は，交通事故や自然災害といった不測の事態，第三者への損害賠償責任の負担など，日常生活で起こる身近なリスクを補償するものです。2015年度の業界全体の収入保険料は約9兆円にのぼりますが，この万が一のときに支払われる保険金を狙った詐欺行為は後を絶ちません。

　現代社会における保険金詐欺のパターンといえば，物損系では故意に自動車を衝突させて高額保険金を現金化する自損事故を筆頭に，スマートフォンや携帯パソコンをわざと落下させ破壊し機種変更，老朽化した自宅の壁や排水管修繕を目的に天災を装うといったものがあります。対人系では高額な慰謝料および長期の休業損害補償を狙った自作自演の偽装入院，見舞金を狙った海外旅行中の詐病などがあります。

　こうした詐欺が横行する背景には，保険金の請求手続きが電話および書類提出といった担当者と顔を合わせない非面談型の簡易手続きであり，表情や応対環境を見られる心配がないことも一因といえます。また，生命保険ねらいとは異なり生命の危険を伴わない詐欺行為であるとともに，犯罪に駆り立てる動機は比較的小さいことから，犯罪行為という認識が薄いことが共通の特徴といえます。

　数多い詐欺パターンの中から筆者たちが着目したのは，無人の駐車車両に発生する傷付け行為（全周落書き）でした。自動車に対する器物損壊は，一般的に監視性が低い閉鎖空間で加害行為が起きるため物証が少なく，偽装事故を直感したとしても，偽装を立証することが極めて難しいという実態があったからです。損害保険会社のこれまでの調査手法といえば，傷付け状態から凶器および犯行手順の推定，被害者の証言内容・身辺調査（利得有無を含む）からボロが出ないかの検証が中心でしたが，担当者の経験則に依存した試行錯誤的な追求が中心だったため，信頼性が高い結論として評価されにくく，また社内で意見対立となるケースも少なくありませんでした。

　意見対立の要因としては，推定される傷付け動機が，①保険金詐欺，②怨恨（所有者などへの恨み），③ストレス発散（通りすがりの不満発散行為），④児童のいたずら，⑤ヴァンダリズム（青少年による悪ふざけ）など数多く存在するため，動機を1つに絞り込む科学的な基準がなかったことがあげられます。

そこで，傷付け動機を絞り込むための基準作り，公判廷において高い証拠能力を持つデータベース作りを最終目的に，同業他社と協力して犯罪心理学に基づいた実験的研究を行うことになりました。

研究で解明が必要だった主題は，①犯行動機および監視性と傷付け範囲の因果関係，②動機別による加害者の犯行心理の違いの2点で，まず実験において傷付け状態や加害者の行動を測定し，測定結果（部位，長さ，幅，音量，文字有無など）をデータベース化する方法を検討しました。損害保険会社によるこれまでの実験といえば，起こった事実を可視化する再現型が主流で，実験環境や加害者の心理状態を統制して対比検証するという概念を持っていなかったため，公判廷での証拠能力としては疑問符がつくものでした。

実験計画はまったくゼロからのスタートでしたが，実験室の環境設定，実験パターンは予備実験を通じて最適化を図り本実験に臨みました。犯罪心理学に基づく実験は業界初の試みでしたが，実験参加者への内省報告の効果も加わり，犯行動機によって傷付け状態に違いが生じること，すべての動機において監視性を意識した犯行計画（偽装工作，傷付け方法，逃走経路）の存在が明らかになったことは新たな発見でした。また，実験では保険金詐欺や怨恨の両ケースにおいて全周落書きがみられましたが，動機によって傷付けの規則性や文字書き部位などに差異が生じる傾向がわかった点も驚きの結果となりました。

さらに，保険金詐欺に玄人（自動車業界で働き保険知識を持っている人）が加担するケースが多かったことを踏まえて，実験参加者8名のうち半数を玄人（残りは4名は素人）に設定，動機や監視性を操作して傷付け行為の違いを観察・分析を行いました。すると同じ保険金詐欺であっても，素人に比べて玄人のほうが傷付け範囲がより広いことが明らかになったとと

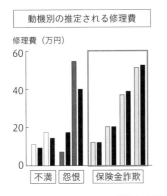
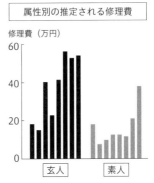

図1　2015 動機別・属性別の傷付け行為による修理費

もに，玄人は高額部品を好んで狙い，効率よく目標保険金（修理費）を獲得する傾向が示されたことは，新たな対応を考えるうえで貴重なデータとなりました。

筆者たちは蓄積データおよび実験参加者の内省報告結果をもとに，傷付け事故の報告を受けた際に使用する動機判別用の「チェックシート」を試作し，調査実務に取り入れています。

もともと事故対応を行う担当者の聴取スキルにはバラツキがあり，被害者から獲得する情報量や質が均一ではなかったため，意味のある質問項目・聴取手順を共通化する必要がありました。特に保険金詐欺の場合は，実体験を伴わない嘘の被害体験を語るため，矛盾を引き出しやすいよう質問の角度を少し変えた質問を繰り返し，記憶の精度を確かめる構成としました。これらは実験参加者から得た「聞かれて嫌な質問や調査内容」をもとに作成しました。獲得した情報は，「面談時における被害者の説明」と「被害現場の状況」の2つの評価項目に落とし込み得点化，導かれた点数を得点布置図にプロットして保険金詐欺目的の可能性を推測する資料としています。この実験研究に基づいて作成された「チェックシート」は，実事例への活用結果を検証しながら得点配分の見直しなどを図るとともに，被害者の説明内容の合理性や矛盾などを評価する社内基準の明確化を進め，より判別精度の高いものに改良していく予定です。また，調停・訴訟を担当する弁護士向けの研修開催，実験データの提供を徐々に開始していますが，科学的データの評価・期待感は高く，訴訟事案への活用も増えつつあります。

今回の落書きの実験的研究を通じて，犯罪心理学に基づく判断フローの有効性が明らかになったと同時に，経験則に基づく慣習的な手法から脱却する方策を見出せたことは大きな意味があったといえます。

犯罪心理学は新しいツールの開発につながったとともに，保険金詐欺対

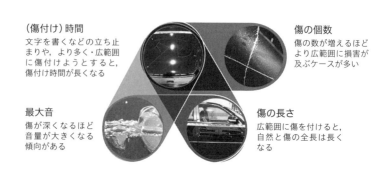

図2　2015 分析対象となった測定値間の相関

策を加速させるための方法論を示してくれたといえます。データベースに基づく加害者動機の推定，的を絞った追求を行う新手法は，裁判においても十分活用が期待できます。また，自動車以外の保険金詐欺についても実験的研究は有効であることから，犯罪メカニズムの解明に着手したいと思います。一方，詐欺手口は今や簡単にネット上で入手できるため，保険金詐欺のすそ野は広がっているとともに，手口はより巧妙化しています。詐欺を発見するツールの改良（生理的反応を把握）を図りながら，行政との連携（警察への通報），不正請求者（累犯）の保険契約制限など，詐欺を予防するための手立てが必要になっています。

また，今回試作した「チェックシート」が常に目的通りに機能するとは限らないため，実際の調査実務（現場）において機能が維持できるよう，犯罪心理に関する知見を深めること，継続的な研究が望まれます。

調査フローの進化によって担当者と被害者との間に少なからず緊張感が高まり，被害者からの攻撃・反論が予想されるため，安定した会話・聴取が構築可能な学習機会，不安を払しょくするためのケアサポート体制も検討していきたいと考えています。

第 6 章

犯罪の実態

1 節　現代の凶悪犯罪

1. 殺人

(1) 低犯罪国，日本

　この節では，殺人と性犯罪について，主に日本国内での実態とその発生する原因について述べ，最後に犯罪被害者の支援についてみていきます。特に，発生原因についての心理学的探究は，司法・犯罪心理学に携わる研究者や実務家にとって関心の高い問題です。

　2016 年 7 月 26 日，神奈川県相模原市の障害者施設で，入所者が侵入した男により刃物で刺されるなどして 19 人が死亡し，25 人が負傷するという事件が発生しました。この事件は，被害者の数が極めて多かったため，全国のトップニュースとして連日取り上げられ，注目を集めました。殺人事件としては，死者数では戦後最多，明治以降では 2 番目に多い事件となりました。

　殺人事件が警察に通報されると，救急隊による救命措置が終わった後，現場鑑識や検視を皮切りに各種捜査が開始されます。捜査が難航しそうな場合は捜査本部（警察では「帳場」とよんでいます）が立てられます。捜査は事実関係を客観的証拠により明らかにすることを目指して地道に行われます。捜査の結果，容疑者が特定されれば「被疑者」として，裁判所から逮捕状の発布を受け，逮捕して捜査が継続さ

れます。被疑者は，刑事裁判が始まれば「被告人」とよばれます。多くの人は逮捕された段階で「犯人」だと思うようですが，「無罪の推定」という原則があり，裁判で有罪が確定するまでは犯人とはいえないので注意が必要です。

　大量殺人事件の話から始めたので，日本は殺人事件が多く不安に思う人がいるかもしれませんが，日本は低犯罪国といわれています。本節で扱う殺人事件を物差しにして他の国と比較してみましょう。犯罪統計では，国家や地域間の犯罪を比較する場合，犯罪率（一般的に人口 10 万人当たりの発生件数）という指標が使われます。犯罪率は，発生件数に認知件数を使うか，あるいは被害者数を使うかによって多少変わります。たとえば，2014 年の殺人事件の認知件数は 1,054 件で，その年の日本の人口は約 1 億 2,708 万 3 千人ですから，殺人の認知件数の犯罪率は 0.83 ですが，殺人事件の被害者となって亡くなられた人数（409 人）で計算すると殺人の犯罪率は 0.32 になります（警察庁，2016）。同様にアメリカでは認知件数の犯罪率が 4.5，殺人の犯罪率は 3.8 になります（FBI, 2015）。いずれにしても，日本の殺人の犯罪率（以下，殺人率）はアメリカより大幅に低いことは明らかです。国連薬物犯罪事務所（United Nations Office on Drugs and Crime: UNODC）の報告書でも，日本では殺人率が低く，1955 年からほぼ一貫して減少していることが紹介されており，世界的にも日本は低犯罪国であることが認められています（UNODC, 2013）。日本と同様に，殺人率が低い国として，たとえば，シンガポール（殺人率は 0.2；以下同じ），アイスランド（0.3），スイス（0.6），インドネシア（0.6），オーストリア（0.9）などがあり，殺人率が高い国として，ベネズエラ（53.7），南アフリカ（31.0），ブラジル（25.2），メキシコ（21.5）などがあります（UNODC, 2013）。

　被害者と犯人との関係は，捜査上も，動機を解明するうえでも重要なポイントになります。まず，図 6-1 に日本のデータを示しました（警察庁，2016）。殺人事件の約半数（48％）は，家族を含む親族間で発生していることがわかります。一方，図 6-2 に示したように，アメリカ合衆国では，面識関係が判明している（面識関係が不明を除外した）データでは，知人，友人関係が約半数（51％）を占めるのに対し，家族を含む親族間での発生は約 4 分の 1（26％）です（FBI, 2015）。

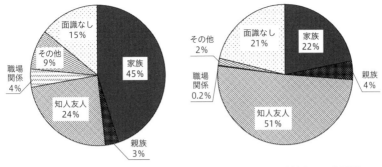

注）日本のデータは検挙された被疑者との面識関係，アメリカのデータは被害者との面識関係を表しており，グラフでは面識不明（$n=5,440$）を外してある。

▲図6-1　日本での殺人事件における人間関係（$n=934$）
（警察庁，2016）

▲図6-2　アメリカ合衆国での殺人事件における人間関係
（$n=6,521$）（FBI, 2015）

　アメリカ合衆国に比べて日本では親族間での殺人の比率がどうして大きいのでしょうか。その原因として，文化的あるいは社会的な要因の影響を考えそうですが，その前にそもそも親族間での殺人が本当に多いのかを検討する必要があります。そこで，人間関係別に分けた殺人率で比較してみると，図6-3のように，親族以外の殺人率の差に比べて家族や親族の殺人率の差はかなり小さいことがわかります。このことから，日本での親族間の殺人の比率が大きい原因は，親族以外の殺人の事件数が少ないため相対的に比率が大きくなったためだと考えられます。

　最近の日本での殺人の特徴として，親が被害者となるケースが急増しており，そのタイプを大渕（2013）は，次の3つのタイプに分けています。第一のタイプは，教育や進路をめぐる親子間の葛藤が暴力事件を誘発するもの。第二のタイプは，引きこもっている子どもと親の対立が激化して親を殺す「引きこもり殺人」。第三のタイプは，高齢親の介護疲れに加え，経済的に追い詰められた末に行われる「介護殺人」。大渕（2013）は，「いずれも現代日本の家族関係の特徴を反映するもの」と分析しています。図6-3に示した家族の殺人率の日米比較を家族の内訳別に詳細に比較してみても，親が殺される率のみ日本のほうが大きく，日本に特有の問題があることを示唆しているようです。いずれにしろ，それぞれのタイプに応じた対策により被害を減

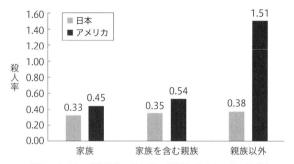

注）アメリカの親族以外の殺人率は「不明」を入れると2倍以上（3.21）になる。

▲図6-3　人間関係別にみた殺人率の日米比較（2014年）
（警察庁, 2016とFBI, 2015のデータ[2014年中]をもとに作成）

らすことが可能な犯罪ではないでしょうか。

(2) 殺人の動機

　日本の殺人の動機で司法統計上多いのは「憤怒」で，全体の約4割を占めます（警察庁, 2016）。些細なことで始まった喧嘩がエスカレートする場合や，怒りが爆発して殺人が発生します。たとえば，自動車運転中のトラブルから殺人事件に発展してしまう場合がありますが，アメリカ合衆国ではロード・レイジ（road rage；路上の激怒）といい，深刻な社会問題の1つとなっています。一過性の怒りの爆発を「短絡反応」といい，また長年の不満や怒りを一気に爆発させる「うっ積爆発反応」と合わせて「原始反応犯罪」ともいいます。

　うっ積爆発反応とも関連する「怨恨」は憤怒の次に多い動機です。少年時代に受けたいじめを恨み，成人後に殺人という形で復讐する事件や社会に対する恨みや怒りを無差別な大量殺人に向ける事件があります。このような無差別大量殺人の心理を，カンター（Canter, 1994）は旧約聖書の歴史書に登場するサムソンの心理に重ね「サムソン症候群（samson syndrome）」とよんでいます。無差別大量殺人の犯人の中には復讐と心中の2つの側面を持っている者がいて，その場合，彼らは逮捕される前に自殺するか逮捕されても死刑を望みます。

　このほかの動機として，保険金目的殺人や強盗殺人などの「利欲」

を目的とした殺人や，上述した介護疲れや経済的困窮など，社会的弱者が追い詰められて家族を殺害する事件も存在します。特に，保険金目的殺人は連続殺人に発展する事例があり，しかも女性が被疑者の場合，大々的に報道されます。また，看護師などの医療関係者が患者に対して行う連続殺人が世界のいたるところで発生しており，彼らは「死の天使（Angel of Death）」とよばれています。この原因について越智（2014）は，看護師のプライドと学習性無力感に関連する説で説明しています。

　精神障害も殺人の原因の1つとして取り上げられます。主に統合失調症や薬物による精神障害で生じる被害妄想や幻聴の影響により殺人に至ります。殺人事件の被疑者に精神障害があるとメディアによって報じられると，殺人の原因を精神障害だけに求めてしまい，精神障害者が危険だという誤った考えを持ってしまうおそれがあるので注意が必要です。

　一方，最近の犯罪生物学的研究により，暴力性に関連する遺伝子の存在が明らかになりつつあります。たとえば，カスピら（Caspi et al., 2002）は，モノアミン酸化酵素A（MAOA：セロトニンやノルアドレナリンなどの神経伝達物質の代謝分解に関与する重要な酵素の1つ）の活動が弱く，子どものときに受けた虐待がひどい場合，反社会的行動が多くなることを見出し，遺伝と環境要因の交互作用があることを示唆しました。その後の多くの研究でもMAOA遺伝子と子どものときの虐待経験の交互作用を支持する結果が示されています（Byrd & Manuck, 2014）。しかし，日本のデータによる研究は行われておらず，今後の研究が待たれるところです。

　遺伝子と聞くと，抗しがたい大きな力があるように感じますが，環境から受ける影響も大きく，また，どのタイミングで遺伝子の影響が出てくるかは環境からの手がかりが重要とされています（坂口, 2010）。一方，大量殺傷事件において，子どもの頃に過酷な虐待を受けた経験が影響したと考えられる事例が報告されていますが（木村, 2014），虐待経験がない犯人による大量殺傷事件も多く存在することから，虐待の影響は限定的な説明にとどまります。

2. 性犯罪

次に，性犯罪のうち，身体的かつ心理的に深刻な被害をもたらす，身体的接触を伴う性暴力についてみていきましょう。ここでいう性暴力は，罪名でいう強姦と強制わいせつのことを指します。

(1) 深刻な被害

性暴力の被害は「魂の殺人」（板谷，1998）といわれるくらい，心理的に深刻な影響を被害者に与えます。被害後にASD（Acute Stress Disorder；急性ストレス障害）やPTSD（Post Traumatic Stress Disorder；心的外傷後ストレス障害）が生じ，中には自殺する被害者もいます。性暴力被害の実態を示す犯罪統計は専門書にゆずるとして，性犯罪の統計で注意しなければいけないのは「暗数（dark figure）」が多い点です。暗数とは，警察などの刑事司法機関に認知されない犯罪の数のことです。アメリカ合衆国でのレイプ被害の申告率は8～21％であるのに対し，日本の強姦被害の申告率は3～5％です。少なく見積もっても認知件数の20倍は暗数があると考えられます（田口，2010）。暗数が多い理由，つまり警察への通報をためらわせる理由として，周囲の人に知られたくないという羞恥心（内山ら，1998）や，被害者と加害者の親密度が高い場合や重要な他者からの援助がない場合など（Dussich & Shinohara, 2001）が指摘されています。

(2) 原因論

性暴力を説明するモデルとして，実証的研究に基づいているのがマラムスら（Malamuth et al., 1995）の「合流モデル（confluence model）」です（図6-4）。合流モデルでは，乱婚性（または性的乱交）と敵対的な男性性という2つの経路が女性に対する性的強制に結びついており，フェミニストと社会科学の枠組みを組み合わせたモデルといわれています（Ward et al., 2006）。このモデルで中心となる変数は，乱婚性と敵対的な男性性です。乱婚性とは，相手の人格を尊重しない非人間的な性的関係を求める行動です。敵対的男性性とは，女性に方向付けられた防衛，敵意，不信感，そして不安という要素と，女性を支配し屈辱を与えることによって得られる満足という2つの

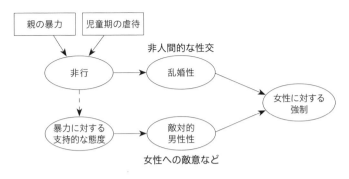

▲図 6-4　マラムスらの合流モデル（Malamuth et al., 1995）

要素からなる特性で，女性に対する敵意が中心となっています。

　日本でも類似する研究が行われており，マラムスらの合流モデルが日本でもほぼ当てはまります（田口・荘島，2010）。ただし，田口と荘島によると，男性の性的欲求が個人内要因の中では最も大きく性的加害に影響しています。男性の性的欲求は，合流モデルの中では，乱婚性の中の1つの変数として取り上げられています。男性の高い性的欲求は，女児に対する性的興味を容認する態度（田口，2015）や性的盗撮（田口，2013）などにも関連しています。

　また，女性に対する敵意よりも平等主義的性役割感（男女平等であるという意識）が低いと性的加害に関わりやすくなることが示されており（田口，2010），日本に特有の現象かもしれません。平等主義的性役割感は男性の性的欲求との相関はなく，関連はないと考えてよいようです。ただし，女性に対する敵意は，女性に対する認知の歪みとも関連しており，「レイプ神話」という信念や態度として日本でも一般的にみられます。レイプ神話とは，「女性が暴力的性を好む」とか「女性は潜在的にレイプされることを望んでいる」といった，レイプの責任を被害者に転嫁し，あるいは加害者側の正当性を主張してその責任を否定し合理化しようとする誤った信念や態度です（大渕ら，1985）。

　個人要因のほかに状況要因も重要です。まず，集団による性暴力についてみると，集団犯と単独犯では，年齢（集団犯が若い，年齢幅が小さい），面識（集団犯が面識ありが多い），再犯率（集団犯が低い），既遂率（集団犯が高い）が異なっており，また，反社会性の高低に関係なく発生することから，集団特有の状況要因が背景にあると考えら

れています。その原因として，同調行動や没個性化などの理論で説明が試みられています（田口, 2010）。

　性暴力に関わる状況要因として，ポルノグラフィの使用と飲酒の影響も指摘されています（田口, 2010）。まず，ポルノグラフィの使用の影響は，性犯罪に関わる専門家の間でも長きにわたって論争が続いている問題です。これまでの実証的な心理学的研究を総合すると，現時点では，ポルノグラフィが性暴力を抑制するという研究より促進する方向の研究が多く，ポルノグラフィの使用が性暴力にネガティブな影響を及ぼす可能性があるようです。特に，暴力を描写したポルノグラフィは暴力的ではないポルノグラフィより性暴力を引き起こす可能性が高くなります。一方，性暴力の加害者の多くが犯行時に飲酒していたというデータがあります（山岡, 1966; Abbey et al., 2001）。確かに，飲酒と性暴力は同時に発生しますが，自らの行動を正当化するために事前に飲酒する可能性やアルコールに攻撃促進効果を期待して飲酒する可能性も指摘されており，両者の因果関係はよくわかっていません。

3. 犯罪被害者の支援

　犯罪被害者は，被害者の家族を含め犯罪の被害を受けた当事者であるにもかかわらず，社会的な支援が必要であるという認識は低いままでした。1995年に阪神・淡路大震災と地下鉄サリン事件が発生し，災害や犯罪被害により，被害の再体験，回避，覚醒亢進，反応性の麻痺などを伴うPTSDの症状が被害者に生じることが一般に知られることになり，被害者に対する社会的関心が高まりました。1980年には犯罪被害者等給付金支給法が制定されていましたが，その後2004年になって本格的な犯罪被害者等基本法が制定され，2016年には国外犯罪被害者弔慰金支給法が成立し，国外で犯罪被害にあった場合でも弔慰金や障害見舞金が支払われる制度ができました。犯罪被害者への支援は，警察，検察庁，裁判所をはじめとする各機関で取り組みが行われているほか，民間被害者支援団体による被害者支援が行われています。警察の支援担当部署や民間の被害者支援団体には臨床心理士がおり，相談や面接を担当しています。

　このように，犯罪被害者への支援が進められている一方で，改善す

べき心理学的な問題があります。犯罪被害者は，犯罪行為そのものによる被害を受けますが，被害者自身やその家族に対する被害（犠牲）者非難（victim blaming）が起きることがあります。被害者非難とは，差別や犯罪などの被害を受けた人に対して「あなたにも落ち度があったからだ」と非難する行為（Ryan, 1976）です。被害者非難が何らかの形で被害者に向けられた場合や風評として流布された場合など，被害者は二次被害を受けることになります。なぜ，被害者非難が起きるのかについて，いくつかの仮説があります。その1つは公正世界仮説です。世の中は合理的で公正だと信じたい人がいて，非合理的で偶発的に被害が発生する状況を受け入れることができないため，自分自身を納得させるために被害者を非難するという説です。もう1つは，被害者を非難することによって，非難者自身が同じように傷つく可能性を否定する，つまり，自分にはこの被害者のような落ち度はないので，被害には遭わないという心理的傾向があるという説です。いずれも，自分は被害に遭わない，安全だということを納得させるために，被害者を非難するという説です。しかし，犯罪被害にあった人に落ち度はなく，犯罪行為の責任は加害者にあるという前提は揺るぎない事実であることは強調されるべきでしょう。そして，被害者がさらなる被害を受けないよう，被害者非難の発生を抑止するための研究や施策が今後望まれます。

2節　日常に潜む犯罪：窃盗，特殊詐欺など

1. 日常生活に潜む身近な犯罪

「窃盗」「特殊詐欺」と聞くと，それらは犯罪だろうと思っても私たちに非常に身近な犯罪であるとはすぐに感じないかもしれません。しかし，「万引き」「オレオレ詐欺」と聞くと，テレビやネットのニュース報道，犯罪防止の啓発ポスターを街角でよく見かけるといった経験があるのではないでしょうか。

「犯罪白書（平成29年版）」（法務省法務総合研究所, 2017）によれば，犯罪の認知件数（犯罪について，被害の届け出，告訴，告発その他の端緒により，警察が発生を認知した事件数）は，わが国で1年間（2016［平成28］年の1年間）に発生した「殺人」の認知件数

は895件，他方で「窃盗」は72万3,148件であり，窃盗は圧倒的な認知件数の多さです。「人が殺される」という殺人はもちろん恐ろしい犯罪ですが，「物が盗まれる」という窃盗も被害に遭いやすいという意味で私たちが日常で気をつけなければならない犯罪といえます。

2. 窃盗

(1) 窃盗の被害状況と犯行手口

　司法・犯罪心理学の研究では，罪種（犯罪の種類）ごとに対象となる犯罪の分析を行います。犯罪被害の特徴，犯行手口の特徴，犯罪加害者の特徴，犯罪被害者の特徴などです。たとえば，刑法犯における窃盗犯や特殊詐欺犯は，財物（お金や所有物）を相手の意思に反して奪い取る行為であるので「財産犯」に分けることができます。

　財産犯の罪種には，窃盗や詐欺，横領，恐喝，強盗，占有離脱物横領があります。警察白書（平成29年版）によれば，財産犯の被害額の罪種別状況（2016［平成28］年）は，窃盗が705億9,800万円（47.9％）で最も多く，次いで詐欺が665億2,900万円（45.2％），横領が80億6,000万円（5.5％），恐喝が9億1,900万円（0.6％），強盗が8億3,900万円（0.6％），占有離脱物横領が3億5,700万円（0.2％）の順でした。これら被害額の大きさをみれば，財産犯の中でも窃盗や詐欺という罪種の犯罪対策の重要性がよくわかると思います。

　「窃盗」は，認知件数（警察が犯罪として受理した件数）が多いため，犯罪統計では，刑法犯を取り上げる際に，「窃盗」「窃盗を除く刑法犯」と区別しています。犯罪白書（平成29年版）によれば，刑法犯の総数（認知件数99万6,120件，検挙人員22万6,376人）のうち，窃盗は51.0％（認知件数72万3,148件，検挙人員11万5,462人）と約半数を占めています。

　窃盗の認知件数の手口は，まず「侵入窃盗」（空き巣など），「乗り物盗」（自転車盗など），「非侵入窃盗」（万引きなど）の3つに大別できます。認知件数の総数72万3,148件のうち，手口別構成比は，侵入窃盗（10.6％），乗り物盗（37.6％），非侵入窃盗（51.8％）となっています。認知件数の手口別の詳細は，自転車盗32.7％，万引き15.6％，その他の非侵入窃盗14.3％，車上・部品ねらい12.2％が多く，次いで，置引き4.7％，空き巣3.7％，オートバイ盗3.4％，自動車

盗 1.6%，自動販売機ねらい 1.6%，色情ねらい 1.4%，仮睡者ねらい 0.7%，すり 0.5%，ひったくり 0.5%，払出盗 0.3%の順となっています。また，窃盗の検挙件数（総数 20 万 8,646 件）のうち，最も多いのは万引き（37.4%）です。次いで，自転車盗（6.5%），車上・部品ねらい（7.4%）の順になります。このように，窃盗の手口の中でも，「万引き」が認知件数，検挙件数ともに多いことからも，私たちの日常生活に潜む身近な犯罪であることがわかります。

(2) 窃盗犯の心理と行動

　窃盗犯は，刑法犯の認知件数で多くを占めますが，その動機や手口は多様です。窃盗犯が口にする犯行の動機には表面的なものが多く，欲しかった，お金がなかった，仲間の誘いを断りきれなかったなどがあります（山口，2016）。このように窃盗の背景には，物質的欲求，経済的貧困のほかにも，仲間の誘いを断りきれないといった対人関係，あるいは対人的な欲求に基づく動機など心理的要因が考えられます。対人的な欲求には，愛情，承認，関心，そのほかの心理的要因として，自己に根差したもの（自信，能力，魅力，自立），本人にとって不快感や苦痛を伴い，自尊心が傷つくものが考えられます（山口，2016）。窃盗犯の特性を知るためには，本人の生活環境とともに，本人の人格特性，生活史，仲間関係，社会的適応のあり方を検討する必要があるでしょう。

　次に，窃盗犯の手口ですが，日本の警察による分類には，侵入窃盗，乗り物盗，非侵入窃盗（万引きなど）を主とした分類があります。窃盗犯における犯罪種別や手口の研究分類として萩野谷（2017）は，窃盗犯における犯行の一貫性と移行性が，複数の事件について犯人の同一性を評価する際の有効な情報であることを指摘しています。

　犯行の一貫性と移行性の研究には，たとえば，住宅を対象とした侵入盗の研究があります。住宅侵入盗には，空き巣（住人の不在時に行う），忍込み（夜の寝静まった隙に侵入する），居空き（日中の昼間に侵入する）の 3 種類に分けられます。財津（2014）は，住宅侵入盗で 2 回以上検挙されている犯罪経験者について，最初と最新の検挙事件を種別で比較を行ったところ，忍込みと空き巣においては高い一貫性を示し，居空きは高い割合で空き巣へ移行することを統計的に示

しています。

　メリーとハーセント（Merry & Harsent, 2000）は，住宅侵入盗における犯行特徴の分布を「対人関係（表出的・潜在的）」と「熟練度（高・低）」の2軸であらわし，住宅侵入盗を攻撃性が高く熟練度が低い「乱入者（intruders）」，被害者への攻撃性も熟練度も低い「こそ泥（pilferers）」，被害者への攻撃性が低く熟練度の高い「急襲者（raiders）」，被害者への攻撃性も熟練度も高い「侵略者（invaders）」の4テーマで解釈を行っています。また，横田とカンター（Yokota & Canter, 2004）は，心理学的観点から，侵入盗の潜在的テーマの検討を行い，「住宅（residential）」「商業（commercial）」「産業／倉庫（industrial/storage）」「公共（public）」の4テーマを抽出し，侵入盗の多くが「住宅」と「商業」のいずれかに専門化し，犯行件数の多い群ほど，「商業」に比べ「住宅」の専門化の割合が多いことを指摘しています。

　また，犯罪者プロファイリングの研究では，犯人の空間行動を重視し，活動拠点からの移動距離，活動拠点に対する方向の一貫性，犯行地選択の影響要因が検討されています（萩野谷, 2017）。

　窃盗犯では，Haginoya（2014）が交通手段ごとの住宅侵入盗の犯人像を，「徒歩」（狭いエリアで犯行に及ぶ），「自転車」（徒歩と同様に狭いエリアでの犯行だが数km程度の移動が比較的多い），「自動車」（自宅周辺から遠方までの広いエリアで犯行に及ぶ），「オートバイ」（自動車と同様に広いエリアだが若い犯人に選択される），「公共交通機関」（自宅周辺からある程度離れた地域で犯行に及ぶ，高齢の職業的犯罪者に選択されやすい）に分類しています。

　このように窃盗犯の心理と行動を知るためには，犯人の特徴・犯行動機を知るための人格の心理査定，対人関係のあり方といった社会的適応，犯人像や犯人の拠点の推定などを行う犯罪者プロファイリング研究の視点が大切であり，今後も犯罪者の立ち直りや犯罪の捜査支援への応用が期待されます。

（3）万引きの心理

　万引きとは，「刑法235条の窃盗罪にあたり，10年以下の懲役，または50万円以下の罰金に処する犯罪行為」です（大久保, 2016）。

万引き犯に共通する特徴として，大久保（2016）は，どの世代でも，悪いこととわかってはいるが，規範意識や罪悪感を打ち消す中和化が起きやすい犯罪であることを指摘しています。中和化とは，これは悪いことではない，たいしたことはない，仕方がない，相手が悪いなど合理化・正当化する心理です。万引き犯に，悪いこととわかっているがやってしまっているという心理過程があるならば，万引きは犯罪です，万引きは悪いことだからやってはいけないという訴えだけでは万引き対策として足りないかもしれません。

　また，万引き犯は，世代別，初犯と再犯者で特徴が異なることが指摘されています（大久保，2016）。世代別は，青少年，成人，高齢者に分けられ，成人や高齢者はともに生活が苦しいことが背景にあります。また，高齢者は，入店後に犯行を決意する傾向があることから，出来心，寂しさもあるようです。

　青少年の場合は，共犯者がいて，所持金がなく，店に入る前から犯行を決意している割合が高いことから，誘われて行く，欲しくて万引きするという特徴があります。初犯と再犯の違いでは，青少年の初犯は共犯者がいること，誘われての犯行という傾向があります。他方で，青少年の再犯者は，誘われての犯行は少なく，万引き直後の後悔が少なく，通報しない店を狙うという特徴がみられます。

　青少年の万引きは，成人で行う犯罪や常習犯罪者への入り口となる"ゲートウェイ"犯罪といわれ，抑止すべき重要な犯罪だといえます。たとえば，万引きを含む「窃盗」は，少年非行で主要な非行名となっています。

　2016（平成28）年における少年鑑別所被収容者の構成比をみると「窃盗」は，総数（男子7,163人，女子607人）のうち，男子が32.8％，女子が27.5％と他の非行よりも多くの割合を占めています（法務省法務総合研究所，2017）。少年鑑別所被収容者は，少年鑑別所を退所した後，保護観察（31.3％），少年院送致（28.0％），試験観察（11.8％），観護措置の取消し（8.8％），児童自立支援施設・児童養護施設送致（1.9％），検察官送致（1.3％），審判不開始・不処分（0.9％），知事・児童相談所長送致（0.5％）という処遇になります。

　青少年の万引きに関する実証研究では，大久保ら（2018a）が行った四国少年院の在院者（男子59名，平均年齢17.746歳）を対象と

した調査研究があります。調査の結果，少年院在院者の特徴として，万引きに関する規範意識が低く，自己中心的な理由で万引きをすることが多いことが明らかになりました。また，そのほかの在院者の万引きの心理として，法知識の理解に偏りがあり，感情面では，罪悪感や恥意識（永房，2008）を抱きにくく，被害者である店舗の感情を推測できていない傾向がありました。

また，認知行動面では，自分の行動を統制することが難しく，ナラティブ（問題の意味づけ）については，社会的な有能感や問題解決への自信が低く，コミュニティについては，援助を求めることへの抵抗が高く，将来について不安に思っており，身近な家族の援助を受けることが難しく，問題解決に直接に結びつかない援助を受けることが多いことが示されています。

永房ら（2012）は，全国の児童厚生施設（児童自立支援施設58か所，児童養護施設93か所）の1,248名（男子737名，女子511名），平均年齢14.98歳（標準偏差1.51）を対象にした万引きを含む非行経験と行動基準の調査を行っています。行動基準とは，社会的場面で行動する際に配慮する他者範囲（狭い〜広い）を測定する基準，その人の世間（セケン）観という価値観，社会的態度です。非行経験のある児童厚生施設児の特徴として，配慮する他者の範囲が狭いセケン観を持っており，自分本位（人に怒られなければ何をしてもよい）や仲間的セケン（友達がみんな悪いことをしているのに自分だけ裏切れない）が高いという特徴がみられました。大久保（2016）が指摘している世代別の万引き犯の特徴に照らせば，初犯では仲間的セケンが強く，再犯は自己本位が強いことが考えられます。たとえば，大久保ら（2018b）の少年院の在院者を対象とした窃盗，友人との窃盗の回数別では，19回以下の少年のほうが20回以上の少年よりも恥意識の中の「同調不全」（周りの人と違うことをするとき，恥ずかしい）が統計的検定で有意に高い結果でした。初犯を含む犯行回数の少ない万引きの経験者は，友人など仲間的セケンに影響されやすい傾向があります。

また，永房ら（2012）は，児童厚生施設児に犯罪経験の有無と罪種を対象にクラスター分析を行ったところ，万引き犯は，非行かつ刑法犯であるにもかかわらず，心理的には非行ではあるが不良行為であ

ることを明らかにしています。

　児童厚生施設児が経験した非行の中の万引きは，法律上，刑法235条の窃盗罪に基づく「刑法犯」の犯罪行為であるにもかかわらず，青少年の万引きでは，心理上，不良交友，怠学，夜遊び，家出といった不良行為（ぐ犯ともよばれます）と同じカテゴリーに入ってしまっています（図6-5）。

　万引きの動機には，出来心のほか，商品が欲しいがお金がなく窃取する，お金はあるが遊びやスリルを楽しむ，ストレス解消，自分への注目などがあります。欲しいものがあると我慢できずに盗んでしまう（習慣化した盗み）といったものもありますが，万引きが再犯として繰り返される場合，背景に精神疾患が考えられます。

　アメリカ精神医学会の精神疾患の分類と診断の手引きであるDSM-5（American Psychiatric Association, 2013／2014）では，秩序破壊的・衝動制御・素行症群の中の診断名に「窃盗症（Kleptomania）」があります。特徴として，「個人用に用いるためでもなく，またその金銭的価値のためでもなく，物を盗もうとする衝動に抵抗できなくなることが繰り返される」「その盗みは，素行症，躁病エピソード，または反社会性パーソナリティ障害ではうまく説明できない」などがあります。精神疾患の1つである窃盗症への対応は，医学的治療，認

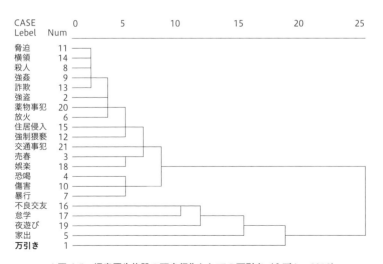

▲図6-5　児童厚生施設の不良行為としての万引き（永房ら，2012）

知行動療法などの心理療法が考えられます。そのほか，高齢者の万引きが再犯で繰り返される場合には，認知症による影響も考える必要があるといえます。

わが国の万引きの近年の傾向としては，来日外国人，特にベトナム人による万引きの増加傾向，そして高齢者の万引きが増えていることがあげられます。

まず，ベトナム人による万引きの動向ですが，警察庁組織犯罪対策部（2018）によれば，2017（平成29）年中の来日外国人犯罪の検挙状況は，窃盗の中の万引きの検挙件数3,240件のうち，第1位はベトナムの2,037件（62.9％），第2位は中国の521件（15.8％）であり，ベトナムが最も多くの割合を占めています。犯行の手口としては，国際的な組織性，計画性に特徴があります。たとえば，事例としてベトナム人の男女らが，指示役，実行犯，運搬役等と役割を分担し，自国の指示役からの指示により，実行犯が衣料品等を万引きして，日本国内のマンションの一室に被害品を郵送した後，運搬役が航空機を利用して被害品を海外に運搬していた事件があります（警察庁組織犯罪対策部，2018）。

次に，高齢者の万引きについては，東京都青少年・治安対策本部（2017）が，万引きをして微罪処分（微罪のため，検察に送致されることなく警察の段階で手続きが終了となった者）を対象に2016（平成28）年に実態調査を行っています。調査対象は，東京都内の満65歳以上の一般高齢者1,336人，都内警察署において微罪処分となった満20歳以上の万引き被疑者129人（うち万引き経験のある満65歳以上の高齢者は56人）です。この報告書では，近年の万引きの特徴として，少年の割合が減少する一方で，高齢者の割合の増加を指摘しています。たとえば，少年の万引きは2010（平成22）年が3割から2016（平成28）年は2割へ減少しましたが，高齢者の万引きは2010（平成22）年の2割から2016（平成28）年は3割へ増加となっています。また，万引きは再犯者が高く，特に高齢者は，万引きで捕まった人の58.7％（2016［平成28］年暫定値）が過去に万引きを含む犯歴がみられました。

そして，この調査の結果，高齢の万引き被疑者の意識には，本人の意識（主観）による生活苦，規範意識は一般高齢者と同程度ですが，

自己効力感や自己統制力，ストレス耐性が弱く，捕まることへのリスク認識が低く，万引きがもたらす結果を甘くとらえている傾向がみられました。また，高齢の万引き被疑者は，配偶者なし（未婚，離婚，死別等）が約6割，独居が約5割弱で，家族との連絡頻度，家族等による経済的，情緒的サポート等が弱いことが特徴として示されました。これらの調査の結果から，高齢者の万引きの心理には，社会からの疎外感や孤立感，ソーシャル・サポート不足が考えられます。

司法・犯罪心理学を学び，家裁調査官，少年鑑別所，少年院，児童自立支援施設，児童相談所，警察，学校といった少年非行の実務に関わる者は，万引きの初犯と再犯者の心理の違い，単独犯か複数犯か，青少年の万引きが，法的には刑法犯でも心理的には他の刑法犯と異なることに注意し，研究上のアプローチや矯正教育，福祉，支援の実務面で心理学を活用してほしいと思います。

高齢者の万引きの原因については，社会からの疎外感・孤立感という問題，ソーシャル・サポート不足という課題があることから，地域で高齢者の医療や介護に関わる医師，看護師，介護福祉士といった職種の人，市区町村の福祉行政の仕事に従事する人に，近年増えている高齢者の万引きの心理を理解していただき，孤立感の軽減，ソーシャル・サポートの促進という観点からぜひ司法・犯罪心理学の実証的な知見を活用していただくことを期待したいです。

(4) 万引きの予防・防犯対策

大久保・時岡・岡田（2013）は，実証的な調査研究を行い，万引き防止対策を検討しています。ハード面では，防犯カメラの設置，見通しの良い店内レイアウト（死角を減らす）があげられます。そのほか，店内で万引きの既遂や未遂の多いエリアの防犯マップの作成，警戒エリア巡回の強化があげられます。店舗では，保安員（万引きGメン）が活躍しているところもありますが，万引き犯を補捉（捕まえる）前の声かけが重要です。たとえば，店員の「いらっしゃいませ」「何かお探しですか？」「代金の支払いはお済みですか？」といった声かけです。来店客の買い物の有無に関係なく退店時に「ありがとうございました」と店員が声かけすることでも，この店舗は，万引き犯からみれば，客をよく見ているという警戒の印象を与え，万引き防止につ

ながるでしょう。また，声かけは，高齢者の万引き防止にも役立つことが考えられます。高齢者の万引きの特徴には，お店に入ってから商品を盗むことを決める，孤立感が原因にあります。店舗にいる店員は，高齢者がお店に入るとき，お店から出るとき，また店内にいる際に，存在を認めてあげるような温かい声かけをすることで，高齢者が万引きの実行を思い留まることにつながるのではないでしょうか。

3. 特殊詐欺

(1) 特殊詐欺の被害状況と犯行手口

特殊詐欺とは，「被害者に電話をかけるなどして対面することなく信頼させ，指定した預貯金口座への振り込みその他の方法により，不特定多数の者から現金等をだまし取る犯罪（現金等を脅し取る恐喝を含む）を総称したものです（国家公安委員会・警察庁，2017）」。

警察庁捜査第二課・生活安全企画課（2018）が発表した2017（平成29）年までの集計（2017［平成29］年の値は暫定値）では，国内における特殊詐欺の認知状況は，認知件数が18,201件（前年比+4,047件，+28.6％）で前年より増加し，7年連続増加しています（図6-6）。この集計結果は，このような統計の取り方になった2010（平成22）年以降で最多の被害となっています。被害額は約390億円（－約17億円，－4.3％）と3年連続で減少しましたが，依然として高水準となっています（図6-7）。既遂（きすい）（刑法の用語で犯罪を着手し遂行したもの）1件当たりの被害額は，約226万円（－約80万円，－26.3％）であり，5県（青森，山梨，愛知，香川，宮崎）において被

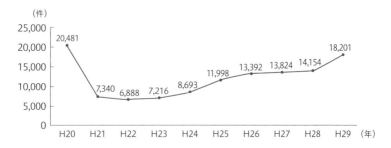

▲図6-6　過去10年間の特殊詐欺の認知件数の推移（警察庁捜査第二課・生活安全企画課，2018をもとに作成）

害額が5割以上減少した一方で，東京，埼玉，千葉，神奈川，兵庫，福岡などの一部の大都市圏を中心に，16都道府県において認知件数，被害額がいずれも増加しています。

　特殊詐欺の犯罪手口には，主なものにオレオレ詐欺，架空請求詐欺，融資保証金詐欺，還付金詐欺があります。警察白書（平成29年版）における2016（平成28）年の集計では，国内における特殊詐欺全体の認知件数は1万4,154件，被害総額が約407億円でした。内訳は，振り込め詐欺では，「オレオレ詐欺」が被害件数5,753件，被害額は約167億円，「架空請求詐欺」が認知件数3,742件，被害額は約158億円，「融資保証金詐欺」が認知件数428件，被害額は約7億円，「還付金等詐欺」が認知件数3,682件，被害額は約42億円でした。振り込め詐欺以外の特殊詐欺では，認知件数549件，被害額は約32億円となっています（国家公安委員会・警察庁，2017）。

　振り込め詐欺で認知件数が最も多いオレオレ詐欺の犯罪手口の類型には，振込型（被害者が犯人の口座へ振り込む），現金手交型（被害者が現金を自宅等に受け取りに来た犯人に直接手渡す），キャッシュカード手交型（被害者がキャッシュカードを自宅等に受け取りに来た犯人に直接手渡す），現金送付型（被害者が宅配便や郵送等で犯人に送付する），電子マネー型（コンビニエンスストア等でプリペイドカードを購入し，IDを教えさせ，額面分の金額をだまし取る）があります。また，現金送付型の中には，「収容代行利用型」として，利用者が本来支払うべき相手に直接払うのではなく，コンビニエンスストア等を通じて，業者（収納代行会社）が以後の決済手続きを代行する手口も

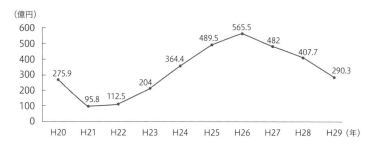

▲図6-7　過去10年間の特殊詐欺の被害額の推移（警察庁組織犯罪対策部組織犯罪対策企画課，2018年をもとに作成）

含まれます。収容代行利用型とは，架空の有料サイト使用料金等を請求され，支払い代金をだまし取られる被害などが当てはまります。

　特殊詐欺の被害者の特徴には，高齢者が標的にされていることがあげられます。警察白書（平成 29 年版）における 2016（平成 28）年中の国内の特殊詐欺の被害者の 78.2％は，65 歳以上の高齢者が占めています。犯罪手口別では，オレオレ詐欺が 95.9％，還付金等詐欺（93.1％），金融商品等取引名目の特殊詐欺（89.6％）において高齢者の割合が非常に高くなっています（国家公安委員会・警察庁，2017）。

(2) 特殊詐欺の心理と予防・防犯対策

　なぜ人は，特殊詐欺という犯罪被害に遭ってしまうのでしょうか。特殊詐欺の主なものには，オレオレ詐欺，架空請求詐欺，融資保証金詐欺，還付金詐欺があります。心理学の研究では，心について，認知，感情，行動の側面からとらえるアプローチがありますが，行動面でいえば，犯罪の被害者が，犯人にお金を振り込む，現金を渡すなどの行動をすることが該当します。その犯罪被害の行動の心理には，認知面いえば，「確証バイアス」「ハロー効果」といった心理的要因が考えられます（西田，2009）。

　確証バイアスとは，認知の歪み，偏った思い込みを指しますが，その人がある考えが正しいと思ってしまうと，その考えに合う情報ばかりを集めて重視し，その考えに合わない情報を排除または軽視してしまうというものです。オレオレ詐欺でいえば，被害者の高齢者が，電話口で最初に，「おばあさん，俺だけど」と犯人に言われて，「○○かい（孫の名）」と被害者の高齢者が，「そうだよ孫の○○（孫の名）だよ」と言われてしまうと，「この電話は孫からだ」と思い込んでしまい，後から思えば変だなという情報を軽視してしまい，結果的に犯罪被害に遭ってしまうことがあります。

　次に，ハロー効果ですが，ある人に特定の良い特徴があると，そのほかの特徴も良いと考えてしまうことを指します。後光がさす効果という意味合いで，光背効果ともよばれます。たとえば，オレオレ詐欺でかかってくる電話では，孫，息子を名乗る以外にも，警察官，弁護士といった信用できる肩書きのある職業を名乗り，その人のいうことは正しいと思い込ませる手口があります。警察官を名乗る者から電話

があり，「あなたの息子が会社のお金の入った大事なカバンを落としてしまい，いま警察署に息子の会社の上司といるから，会社に取引先に迷惑をかけないよう，すぐにお金を振り込んでほしい」と言われて慌てた被害者の親や祖父母が振り込んでしまうケースです。他にも，弁護士を名乗る者から電話があり，「あなたの息子が痴漢をしてしまい，いま警察署に被害者と弁護士がいる。示談金を支払えば被害者は告訴しないと言っているのですぐにお金を振り込んでほしい」と言われ，被害者がお金を振り込んでしまうケースがあります。痴漢といった性的な犯罪や名誉に関わる犯罪の場合には，オレオレ詐欺の被害者が，周囲にばれて恥をかきたくないからお金で解決しようとする心理もオレオレ詐欺の加害者に巧みに利用されているかもしれません。

　架空請求詐欺では，インターネットのあるサイトの利用に伴う偽の料金支払いをメールで請求される場合があります。そのサイトの会社の代理人を名乗る弁護士が，○月○日○時までに支払わない場合には法的措置をとるといった旨の内容で，法律に詳しく信用できるはずの職業である弁護士の肩書きを信用してしまい，支払う責任のない架空料金を振り込んでしまう被害があります。

　融資保証金詐欺では，実在する大手金融機関や大手会社，その関連会社を名乗った犯人が，「誰でも融資します」「担保不要」といった内容のハガキやダイレクトメールを個人や会社経営者に送り付けます。実在する大手会社だからと信用してしまった被害者は，「まず保証金として○％払ってください」「融資には返済実績をつくっておく必要があるのでまず○円払ってください」といった手口でお金を振り込むよう要求され，その後も別の名目で何度もお金をだまし取られます。

　還付金詐欺でいえば，税務署を名乗る偽の職員から，税金が還付されますよと電話口で言われ，信用できる人だと思い込んでしまい，そのための手数料が必要としてお金を振り込んでしまう，あるいは口座番号や暗証番号を教えてしまうなどの被害があります。

　そのほかにも，特殊詐欺には，「コミュニケーション」「関係性」「説得」といった心理学のキーワードが考えられます。コミュニケーションでは，犯人のコミュニケーション・ツールに携帯電話と固定電話がありますが，警察では，架空・他人名義の携帯電話等が犯行グループの手に渡らないようにするため，不正利用の取り締まりのほか，悪質

なレンタル携帯事業者の検挙を行っています。固定電話では，犯行使用のあった固定電話の情報を通信事業者等と情報共有しています。次に，「関係性」です。オレオレ詐欺では，高齢者が被害者に多いのですが，犯人は，親や祖父母である高齢者を標的として，息子や孫といった「親密な関係」にある者を名乗り，犯行を行っています。固定電話を使ったオレオレ詐欺の被害を防止するためには，家に居るときも留守番機能を使う，防犯用電話（自動通話録音機）を使う，ナンバーディスプレイを使う，電話のそばに標語などを置く，家族と電話で話す際の合言葉を決めておく，電話帳（ハローページ）から名前を外すなどが対策として考えられます。

　また，融資保証金詐欺のように，最初に保証金名目で少額のお金を振り込ませ，後に多くのお金を振り込ませる詐欺手口は，訪問するセールスマンがまず小さな要求（家に入る）を承諾させ，のちに大きな要求（商品を買わせる）を承諾させるという「フット・イン・ザ・ドア・テクニック」（Cialdini, R. B., 2001）に共通性がみられます。詐欺手口のベースには，「説得」がありますので，警察・弁護士を名乗る犯罪者を信用してしまう「権威」，犯罪被害者が電話口で支払うと相手に言ってしまった場合の自分の態度を貫こうとする「コミットメントと一貫性」といった説得の心理的要因の研究も特殊詐欺の研究に役立つのではないでしょうか。

　最後に，予防や防犯対策ができる仕事について述べます。犯罪者や犯罪データと直接に関わることのできる法務省や警察の研究所（科学警察研究所，科学捜査研究所）で仕事をする人はもちろん，特殊詐欺を取り締まる警察官，犯罪被害の相談窓口である消費者生活センターの勤務者，弁護士といった専門性の高い法曹の立場の人，さらには，郵便局，銀行，コンビニエンスストア，高齢者に身近な介護職といった生活に身近な仕事に従事する人にも，特殊詐欺の被害を減らすために，ぜひ心理学を活用してほしいと思います。

現場の声 10

凶悪犯罪に挑む捜査心理学

　2000年4月，全国に先がけて北海道警察に，犯罪情報分析や犯罪者プロファイリングを行う部署が新設されました。これが全国で犯罪捜査に心理学を活用して凶悪犯罪に挑むことになった出発点です。

　殺人，強盗，性犯罪，放火などの凶悪事件や窃盗事件の捜査に従事してきた筆者は，このプロファイリングチームに異動となり，日本国内でのプロファイリング担当警察官第一号となりました。それ以降，約300ケースの分析を手掛けてきました。

　ある年の秋，駅やバス停から歩いて帰る若い女性に近づき，刃物で滅多刺しにする通り魔事件が2件連続発生し，「犯行は無差別，残忍で，動機は不明」と大きく報道されました。若い女性は誰もがターゲットとなる可能性があり，住民は家族の外出時，帰宅時に駅などへ送り迎えをし，犯人の影に怯えて生活していました。当時は，連続通り魔事件の捜査を経験している刑事はほとんどおらず，犯人につながる手がかりや資料も乏しく，捜査は難航すると思われました。そこでプロファイリングチームは，犯人像や犯行動機，犯人の生活圏を推定し，加えて犯人の年齢層，特性などからコンビニ店を生活の拠点の1つとしていると報告し，それをもとに捜査担当者は，犯人の似顔絵や推定犯人像を参考にして推定生活圏内のコンビニ店で犯人につながる重要な情報を入手しました。さらに所要の捜査を行い犯人を特定し，早期解決に至りました。連続通り魔事件という特殊な犯行こそプロファイリングの出番と考え分析に臨み，苦労した末の解決であり，強く印象に残っています。

　こうして，犯罪者プロファイリングと犯罪情報分析を行う捜査の第一線でこの業務を担当し，2012年には警察庁から広域技能指導官の指定を受け，事件の分析と並行して，全国のプロファイリングや情報分析の担当者に講義を行い，犯罪現場での分析実習を指導してきました。

　日本国内の犯罪認知件数はここ数年減少傾向にありますが，一方，北海道の事例のように，面識のない通りがかりの若い女性や老人を刃物で切りつける通り魔殺傷事件などの特異事件は断続的に全国で発生しています。

　これまで殺人事件は，愛憎，怨恨，金銭目的が犯行の動機となっているものが多く，刑事は被害者の人間関係や金銭の貸借，財産関係の捜査をして事件を解決してきました。しかし，通り魔殺傷事件などでは，「殺す経験をしたかった，殺す相手は誰でもよかった」と供述する者も少なくありません。こうした事件の犯人は，被害者の人間関係の中に存在しないことが多く，物・金銭にも関わりがないので，これまで行われてきた「人・物・金」

から洗い出す既存の手法では，犯人にたどり着くことが困難になってきています。

そのうえ，捜査を継続しても犯行動機は不明で，犯人がどういったタイプの人物かもイメージできず，情報や資料がなければ捜査は難航することが多くなります。このため現場の刑事は，特異事件や連続事件の捜査に犯罪者プロファイリングを活かし，既存の手法と組み合わせた捜査を行っています。

犯罪者プロファイリングの作業は，事件情報や捜査情報を集約し，犯罪現場を観察するところから始まります。担当者はその結果をベースにして，犯罪心理学や社会学，精神医学，犯罪学，統計学などを駆使して，犯罪者の行動と心理を分析し，捜査現場のニーズに応えて，犯人像や犯人が居住するエリア（生活圏）を推定します。

さらに，連続事件の犯人が，犯行を行うであろう時期，時間帯を絞り込み，犯人が徘徊するルートや犯行エリア，さらに犯人が狙う建物や店舗などを予測して，警戒や張り込み捜査をする刑事に，犯人と出会う最も可能性の高い時間帯と場所の情報を提供します。

犯人の特定に至らず数年間捜査が難航していた連続事件が，犯行予測を活用したことにより，短期間のうちに解決に至るケースもあります。

また，犯罪者プロファイリングは捜査の道具ですから，担当者は刑事の仕事を知り，刑法や刑事訴訟法，司法制度などを学ぶ必要もあります。

担当者への登用は，刑事部門で捜査や鑑識，ポリグラフ検査などを経験した者の中から，情報分析力が豊かで，犯罪者の行動や心理をつかむ能力の高い者が選抜され，分析に必要な知識や技術に関する研修を受けます。もちろん，心理学や精神医学などを大学で専門的に学び，その素養が身に付いていることは，分析者にとって大きな力となります。

捜査の現場で分析してきた経験上，最も大切なのは，机上の作業ばかりではなく足を使って犯罪現場を回り観察し，犯人の文言や行動を読み解いていく冷静さと，自分がやらないで誰がやるという気概を持って臨むことです。

犯罪者プロファイリングは，現在，ほぼ日本全国の警察で行われていますが，国内の犯罪捜査に活用され始めて19年余りと歴史は浅く，これから発展する余地の大きな技術です。そのため担当者は，事件の分析作業のほかに，犯人像推定や生活圏推定，犯行予測などの研究を行い，犯人が特定される都度プロファイリング結果を検証し，より精度を高めることを目指しています。

また，犯罪者プロファイリングのほかに，科学警察研究所や都道府県の科学捜査研究所を中心にして，人の記憶のメカニズムや目撃者・被害者の記憶を呼び起こすための技術，効果的な事情聴取の技術，犯人の供述と心

理など多岐にわたる研究を行っています。

　そして，捜査部門では，この研究結果と実務から得られた知見，技術を活用するための講義や実習を第一線で働く刑事に対して行っており，事情聴取や取り調べなどの捜査に活かされています。

　刑事警察の中で活用されている捜査心理学は，犯罪現場で実践する「実学としての心理学」であり，凶悪犯罪に挑み，対決するための重要な道具の1つとなっています。

マス・メディアの現場からみた犯罪心理学

● 猟奇的事件へのマス・メディアのアプローチ

　2017年10月，神奈川県座間市のアパートの一室に置かれた3つのクーラーボックスと5つの大型収納ボックス，その中から発見されたのは男女9人分の頭部や数百本の骨でした。

　今世紀最悪の猟奇的事件になるだろうともいわれている『座間市9遺体遺棄事件』。死体遺棄容疑で27歳の男が逮捕されました。この男は，自殺願望がある女性とSNSを通じて知り合い，「自殺を手伝ってあげる」などと誘い出していたといいます。2017年8月末に最初の殺人を行ったとみられ，事実であれば，逮捕されるまでの約2か月の間に9人を殺害したことになり，1週間に1人を殺害した計算になります。部屋には空のボックスもあり，もっと多くの被害者が出ていた可能性もありました。

　この猟奇的で残忍な事件を，マス・メディアが取り上げないわけがありません。テレビや新聞，雑誌などのメディアは連日のように大きく取り上げ，世間も多くの関心を寄せました。

　逮捕当初，男は警察からの取調べに対し

「少し話をして襲った」
「3人目以降，顔も覚えていない」
「首を締めた。自宅の浴室で解体し肉と内臓は捨てた」

などと饒舌に供述していました。しかし，男はある時期からは供述調書にサインを拒み始め，その後「自分も被害者になっていたかもしれない」などと供述をしています（2017年12月現在）。

　マス・メディアに携わる筆者が出社してこの事件を知るきっかけになったのは，同僚からの「アパートの部屋から9人分の頭が見つかったみたい」というひと言でした。正直言って筆者の頭の中は，「何？　なぜ？　本当に？…」という文字で埋め尽くされました。これまで未解決事件を数多く取材し，警視庁・警察庁担当記者も務めるなど，数年にわたってさまざまな取材を経験してきた筆者でも，事件の内容も犯人の動機も，まったく頭に浮かばず，なにひとつ推理すらできませんでした。たいへん混乱したことを覚えています。

　この『座間市9遺体遺棄事件』も含め，奇怪な事件に対し記者たちは，容疑者の心理についてアプローチをし続けます。

　マス・メディアに携わる者は，地道な取材を重ねて得た事実に基づき，

それらを当局（捜査員など）に当てることなどで裏を取り原稿を執筆しています。この作業は，証拠という事実を積み重ねていく犯罪捜査，すなわち警察と同じ作業であるといえます。現場の捜査員，容疑者を取り調べている捜査員，または捜査幹部など，多くの人たちに取材を繰り返します。そして，容疑者の供述や足取りなども踏まえ，容疑者が何を考え，どんなきっかけで犯行に及んだのかを推定していきます。

　繰り返しますが，あくまでも逮捕・勾留されている容疑者から捜査員が聞き出した供述などに基づいて，記者たちは容疑者の犯罪心理に迫ろうと努力しています。しかし，数あるマス・メディアの一部では，視聴率・販売部数・アクセス数などを求めるがために，動機の説明などにキャッチーなものを求めすぎて，下世話な部分に注目しがちになってしまうのは否定できません。

　動機などに関わる犯罪心理とは，容疑者が逮捕され，裁判などで事実が明確に認定された段階で検討するものだと筆者は思っています。筆者たちマス・メディアは，時として少ない事実で容疑者の心理を分析し，憶測で報じてしまうこともあります。しかし，これは決して認められるものではありません。視聴者，読者，ネットユーザーなど情報の受け手，すなわちマス・オーディエンスを，事実と異なる方向に誘導してしまう危険性があるからです。つまり，事実を求めて取材を重ねていくマス・メディアとは違って，本当の犯罪心理とは，すべての事実が揃って初めて論じられるものだと筆者は思っています。

● 犯罪心理学への認識が改まった瞬間

　2012年5月以降，兵庫県加古川市周辺で，惨殺された猫やハトなどの死骸が連続して発見された事件がありました。この事件では，民家の敷地で鋭利な刃物で殺された猫の死骸が見つかったのをはじめ，約3か月の間に，猫やハトなどの小動物の死骸が10件以上見つかりました。小動物の連続殺傷事件というのは猟奇的なものが多く，エスカレートし人間へ危害が加えられる事件に発展することもあることから，筆者たちマス・メディアが注目する事件となります。

　あるニュース番組において，当時，筆者が担当していた未解決事件を取り上げるコーナーでも放送が決まり，犯罪心理学者の桐生正幸氏に取材を申し込みました。まだ犯人も捕まっておらず，小動物の死骸が連続で発見されたという事実しかない状態で，桐生氏がどのような方法で心理を読み解いていくのか，そのプロセスに筆者は非常に興味があったのです。当初は，桐生氏の大学の教室などで，これまでの情報・事実をもとにインタビューをするだけだろうと決めつけていました。しかし桐生氏は，それでは犯罪心理に近づけないので各現場をすべて歩きたいという希望を伝えてきたの

です。取材内容・結果の詳細については控えますが，限られた時間の中で，桐生氏と筆者たちスタッフは，現場の地図を持ち，犯罪現場に足を運びました。到着するなり桐生氏は，それぞれの現場間の距離を測定したり，周辺住民に話を聞いたりするなど，積極的かつ意欲的に情報収集を行ったのです。

　犯罪心理学というものは，これまでの研究やデータをもとに，机上で分析すると思い込んでいた筆者にとって，桐生氏の行動は意外なものでした。筆者たちマス・メディアの取材と同様に，犯罪心理学においても，現場観察や地道な情報収集が不可欠だと思われた瞬間だったのです。

情報教育からみた犯罪心理学

現場の声 12

　情報科学の進歩に伴って，新しい技術や知識を用いたサイバー犯罪が起きている昨今を鑑みると，情報教育の果たすべき役割は，新しい情報科学の面白さと同時に，そのリスク教育の必要性を常々感じております。しかしながら，リスクがあるからと児童生徒に対しスマートフォン所有を禁止する条例をつくるなど，その場しのぎの対応を聞くたびに憂鬱になるばかりです。

　サイバー犯罪に対する対処法は，大人になれば身に付くというものではありません。岩手県の県議会議員が，自分のブログに「病院で（名前でなく）番号で呼ばれた，けしからん」といった趣旨のことを書いたところ，あっという間にブログは炎上しました。その後，ブログの炎上を苦にして県議会議員を辞職し，さらには自殺をしてしまいました。また，関西地方の60歳代の男性が，出会い系サイトで5千万円をだまし取られたという事件も起きています。

　大人になると，子どもの頃のように，注意され指導してもらう機会が少なくなります。中学生であれば，ブログが炎上したとなれば，友達や親，学校の先生などが軽はずみな言動をたしなめると同時に，炎上したからといって自殺するたぐいのことではないと教えてくれるでしょう。出会い系サイトで1万円でもだまし取られたら大事で，周囲の大人たちに叱られるでしょう。

　ブログが炎上したり，出会い系サイトで不快な思いをする体験を子どもの頃にすべきとはいいませんが，小さいうちから少しずついろいろな経験をしながら学ぶことによって，抗体を身に付けていく「イノキュレーション」という考え方があります。軽い気持ちで書いたことが相手を傷つけたり，ちょっとしたいたずらのつもりが予想より大事になったりと，情報機器を使用していく中でさまざまな体験をしながら，調節の仕方や受け止め方，距離の保ち方などの対処法を少しずつ身に付けていくことが大切なのではないでしょうか。

　発達段階に応じて，適切な教材とカリキュラムで指導していくことが情報教育の役割です。サイバー犯罪への身の処し方を身体的な感覚として身に付けるためには，小さいときから少しずつ学んでいく必要があります。エストニアの5歳児クラスの情報教育の授業を視察したときに，『情報の信憑性を判断すること』をテーマとした情報教育の授業が行われていました。5歳児クラスなので，文字は使いません。いろいろな人の顔写真が並べられています。その中には，幼児を殺害した12歳の少年犯罪者の写真

も混入されています。12歳のお兄さんに「公園で一緒に遊ぼう」と言われたらどう対応するか，信頼してもよい人の写真を選ぶといった授業の内容でした。明確な答えのある問いではなく，日本では，犯罪者とそうでない人の顔をどう見分けるかの授業は行われていません。

　しかめ面の人相の悪そうな顔をしていても親切な人の場合もありますし，座間9遺体事件の犯人の人相が一見しただけでは残虐な犯罪者と見分けがつかないために多くの犠牲者を生む結果となりました。しかしながら，普通の子がキレる，普通の人が犯罪を起こすなどという言葉にはいつも違和感を抱いています。現在の私たちの知識では，見分けがついていないだけで，何か特徴があるのではないかと思うのです。快楽殺人者とそうでない人の間には，事件を起こしてからではなく，事件を起こす前に，何らかの兆候が現れているけれど，私たちがまだそれに気づけないでいるだけではないでしょうか。表情認識の研究により，およその感情表現の特徴は明らかにされています（ただし，現時点で存在する表情認識ソフトウェアは，もともと組み込まれたデータに基づいてパターン認識を行っているだけなので，その場で怒った顔を作れば「怒っていますね」，哀しそうな表情をすれば「何か哀しいことがあったのですか？」と，意図的に作った表情であってもそれとして認識します。表情を読み取られたくない人が意図的に表情を作れば，容易に表情認識AIはだまされてしまいます。表面的な表情の奥に潜む本心を読み取ることはできません）。表情認識AIにより，売り上げに最も効果的な商品陳列もわかるようになってきています。機械学習により人の表情から自殺予備軍を発見する研究もなされています。

　2018年7月からフジテレビで放送されたドラマ「絶対零度～未然犯罪潜入捜査」のように，ビックデータ解析と画像解析により，犯罪者とそうでない人を未然に見分けるAIの開発が実現することを期待しています。そのようなAIが実現されれば，犯罪を犯しそうな人を事前に予測することによって未然防止につながり，自殺や犯罪を未然に防いでくれるような未来が来るでしょう。

付録　さらに勉強するための推薦図書

　この本を読んで，司法・犯罪心理学に興味を持った方は，より深い学びを求めることと思います。ここでは，その知的好奇心を満足させてくれる何冊かの本を，求める内容ごとに分けて，ご紹介したいと思います。また，末尾に犯罪心理学を理解するのに役立つ映画とテレビドラマを紹介しています。

【司法・犯罪心理学の全体を知るための図書】

①『犯罪心理学事典』
日本犯罪心理学会（編）（2016）　丸善出版

②『法と心理学の事典―犯罪・裁判・矯正―』
越智啓太・藤田政博・渡邉和美（編）（2011）　朝倉書店

　両書とも事典形式の本であり，犯罪事象に関わる事項について調べる際にたいへん便利です。①は犯罪心理学会の会員が主な執筆者となっていることから，司法・犯罪現場の実務サイドからの項目が多く，②は法学者，精神科医，社会心理学者なども執筆者となっており，司法制度や手続き，犯罪原因論などの項目があります。

【司法・犯罪心理学をもう少し詳しく手軽に知るための図書】

①『入門　犯罪心理学』
原田隆之（2015）　ちくま新書

②『犯罪に挑む心理学 Ver.2―現場が語る最前線―』
笠井達夫・桐生正幸・水田恵三（編）（2012）　北大路書房

③『犯罪心理学』
越智啓太（2012）　サイエンス社

　①は犯罪生物学や精神医学の視点，③は社会心理学の視点が，それぞれ犯罪心理学に加わっており，読みごたえは十分あります。この両者は，ほかにも興味深い本を数多く出しています。チェックしておいてください。②は司法・矯正・捜査機関への就職を希望するにあたっての手引書的役割を有しています。

【司法・犯罪心理学をより深く広く知るための図書】

① 『犯罪心理学―行動科学のアプローチ―』
バートル&バートル（編）　羽生和紀（監訳）(2006)　北大路書房

② 『テキスト　司法・犯罪心理学』
越智啓太・桐生正幸（編）(2017)　北大路書房

③ 『現代の犯罪』
作田　明・福島　章（編）(2005)　新書館

①は，Bartol, C. R. & Bartol, A. M. (Ed.)(2005) "*Criminal behavior: A psychosocial approach* (*7th Ed.*)" (Prentice hall) の日本語訳の本です。アメリカの犯罪心理学テキストとして有名な本です。②は，日本における犯罪行動や犯罪事象の心理学的知見に関するテキストであり，現時点での最先端の内容が記述されている本です。③は，精神医学の観点からまとめられたもので，文学や哲学の領域に関する記述もあり知見が広がります。

【司法・犯罪心理学を非行や原因論の観点から知るための図書】

① 『犯罪・非行の心理学』
藤岡淳子（編）(2007)　有斐閣ブックス

② 『犯罪心理学への招待―犯罪・非行を通して人間を考える―』
安香　宏（2008)　サイエンス社

③ 『犯罪心理学―犯罪の原因をどこに求めるのか―』
大渕憲一（2006)　培風館

①は臨床心理学の視点から心理臨床領域を，②は臨床心理学の視点から原因論を，③は社会心理学の視点から原因論を，それぞれ重きを置いて記述されています。これら3冊を読み比べることで，どの視点からアプローチするかによってとらえ方が異なることを感じてもらいたいと思います。

【司法・犯罪心理学を犯罪学・犯罪社会学の観点から知るための図書】

① 『ビギナーズ犯罪学』
　守山　正・小林寿一（編）（2016）　成文堂

② 『犯罪と市民の心理学―犯罪リスクに社会はどうかかわるか―』
　小俣謙二・島田貴仁（編）（2011）　北大路書房

③ 『犯罪統計入門―犯罪を科学する方法―』
　浜井浩一（編）（2006）　日本評論社

　①は，司法・犯罪心理学の上位学問である犯罪学のテキストです。実証主義的な犯罪学の歴史や各理論を知ることは，司法・犯罪心理学の学びに極めて重要だといえます。②は，地域防犯に関するものですが，司法・犯罪心理学が扱う領域が市民感情や意識にまで及ぶことを理解できる本となっています。③は，犯罪統計の探し方や統計の取り方について詳細に論じている本です。犯罪統計の持つ欠点などがよくわかります。

【司法・犯罪心理学を研究する方法を知るための図書】

① 『基礎から学ぶ犯罪心理学研究法』
　桐生正幸（編）（2012）　福村出版

② 『犯罪心理学のための統計学』
　松田いずみ・荘島宏二郎（2015）　誠信書房

　①は，司法・犯罪心理学に関連する卒業論文を作成するうえで参考となる本です。データ収集の方法，研究計画の立て方，結果のまとめ方などが詳しく記載されています。②は，司法・犯罪心理学の研究において，現在使用されている統計学的手法が紹介されています。とても高度な内容ですが，事例をあげながら丁寧にわかりやすく説明がなされています。

【犯罪心理学を知るための映画・テレビドラマ】

映画『羊たちの沈黙』（原題 "The Silence of the Lambs"）

　この映画は，1991年に公開され同年度のアカデミー賞5部門を受賞したアメリカ映画です。FBIの女性訓練生クラリスと，彼女に事件解決のためのアドバイスを与える元精神科医で人肉嗜好の殺人犯ハンニバル・レクターとの関係を軸に，バッファロー・ビルという猟奇的殺人犯に迫っていくサスペンスとなっています。原作は，トマス・ハリスの同名小説（1988年刊）であり，ハンニバル・レクターを主役にしたシリーズ2作目となっています。以後，このシリーズは次々と映画化，ドラマ化されることとなります。

　さて，犯罪心理学の観点からみていくと，この映画には2つの注目点が指摘されます。1つめは，開発されたばかりのFBI方式犯罪者プロファイリングを垣間見ることができることです。さまざまなシーンやセリフの中に，当時行われていた犯人像推定のプロセスが丁寧に描かれておりとても参考になります。2つめは，実在した猟奇的殺人犯の犯行手段や動機を知ることができることです。犯人であるバッファロー・ビルの誘拐の手口はテッド・バンディの手口を，その動機はエド・ゲインの動機を，それぞれ踏襲しているといわれています。

　FBI方式の犯罪者プロファイリングが，精神医学と犯罪捜査との連携により，経験者からの知識と現場からの情報を融合させながら犯人に迫っていく様を，臨場感たっぷりに丁寧に描いています。

テレビドラマ『ナンバーズ―天才数学者の事件ファイル―』
（原題 "NUMB3RS"）

　このテレビドラマは，ロサンゼルスを舞台にしたTVドラマシリーズで，FBI捜査官ドン・エプス（兄）と大学教授チャーリー・エプス（弟）が難事件に挑む内容で，アメリカでは，2005年1月から2010年3月まで放映されました。

　このドラマでは，数学や統計学を犯罪捜査に活用していますが，時として心理学でもおなじみの用語（囚人のジレンマ，リスク評価など）が数学の視点から説明され，事件解決の糸口を見出すキーワードとなっています。

　シリーズ第1話「数字がすべて（原題 "PILOT"）」では，チャーリーがアルゴリズムを思いつき，連続レイプ事件の各犯罪現場から，犯人の"基点"を突き止めます。地図に落とし込んだ犯行箇所から犯人の生活拠点を割り出し，確率順に等高線状に示して合理的な犯罪捜査を促したわけです。この手法は，現在，犯罪捜査現場にて使用されている「地理的プロファイリング」

とよばれるものなのですが，実は，この第1話は本物の捜査—地理的プロファイリング・ソフト「ライジェル」を作成したテキサス大学キム・ロスモ教授が関わった連続レイプ事件—がほぼ忠実に描かれているところがミソとなっています。

　数学と犯罪捜査を縦軸に，エプス家の家族愛やそれぞれの恋愛，捜査官や教員の仕事と人間味が横軸として織り込まれ，理屈溢れる物語を理屈抜きで楽しめるドラマです。加えて，実際の科学捜査を十分調査した構成により，使用される理論の説明力の高さなどが，司法・犯罪心理学に興味を持つ人にお薦めできる点といえます。

文 献

● 第1章

Bull, R., Cooke, C., Hatcher, R., Woodhams, J., Bilby, C., & Grant, T.（2006）．*Criminal psychology: A beginners guide*（*Beginner's guides*）．Oxford: Oneworld Publications.（仲 真紀子（監訳）（2010）．犯罪心理学ビギナーズガイド―世界の捜査，裁判，矯正の現場から― 有斐閣）

Felson, M.（2002）．*Crime and everyday life*（3rd ed.）．Pine Forge.（守山 正（監訳）（2005）．日常生活の犯罪学 日本評論社）

福島 章（1982）．犯罪心理学入門 中央公論社

平 伸二（2016）．大学の防犯サークルと犯罪心理学教育 日本犯罪心理学会（編）（2016）犯罪心理学事典（pp.632） 丸善出版

平山真理・宮澤節生（編）（2011）．国際犯罪学会第16回世界大会報告書

笠井達夫・桐生正幸・水田惠三（2012）．犯罪に挑む心理学 Ver.2―現場が語る最前線― 北大路書房

桐生正幸（2012）．大学における犯罪心理学の講義―卒業研究のテーマと方法について― 関西国際大学研究紀要, **13**, 221-228.

桐生正幸（2019）．犯罪者プロファイリングはホームズの叡智を獲得したのか？ 心理学評論, **62**（3），344-358.

日本犯罪心理学会（編）（2016）．犯罪心理学事典 丸善出版

Rossmo, D. K.（1997）．Geographic profiling. In Jackson, J. L. & Bekerian, D. A.（Eds.），*Offender profiling: Theory, research and practice*（pp.61-76）．Hoboken, NJ: Wiley & Sons.（田村雅幸（監訳）（2000）．犯罪者プロファイリング―犯罪行動が明かす犯人像の断片― 北大路書房）

Rossmo, D. K.（2000）．*Geographic profiling*. Boca Raton: CRC Press.（渡辺昭一（監訳）（2000）．地理的プロファイリング―凶悪犯罪者に迫る行動科学― 北大路書房）

吉益脩夫（1958）．犯罪学概論 有斐閣

吉益脩夫（著） 藤野京子（編）（2016）．近代犯罪心理学文献選第6巻 クレス出版

● 第2章

Canter, D. V.（1994）．*Criminal shadows: Inside the mind of the serial killer*. UK: HarperCollins.（吉田利子（訳）（1996）．心理捜査官ロンドン殺人ファイル 草思社）

Canter, D., & Heritage, R.（1990）．A multivariate model of sexual offence behavior: Developments in offender profiling. *Journal of Forensic Psychiatry*, **1**, 185-212.

Canter, D., & Youngs, D.（2009）．Introducing investigative psychology. In D. Canter & D. Youngs（Eds.），*Investigative psychology: Offender profiling and the analysis of criminal action*（pp.3-26）．UK: John Wiley & Sons Ltd.

Fisher, R. P., & Geiselman, R. E.（1992）．*Memory-enhancing techniques for investigative interviewing: The cognitive interview*. Springfield, IL: Charles Thomas.（宮田 洋（監訳）（2012）．認知面接―目撃者の記憶想起を促す心理学的テクニック 関西学院大学出版会）

平 伸二・中山 誠・桐生正幸・足立浩平（2000）．ウソ発見―犯人と記憶のかけらを探して― 北大路書房

Holmes, R. M., & Holmes, S. T.（1996）．Profiling violent crimes: An investigative tool. Thousand Oaks, CA: Sage.（影山任佐（監訳）（1997）．プロファイリング―犯罪心理分析入門― 日本評論社）

岩見広一（2006a）．カンターの犯罪者プロファイリング手法 渡邉和美・高村 茂・桐生正幸（編著） 犯罪者プロファイリング入門―行動科学と情報分析からの多様なアプローチ―（pp.61-68） 北大路書房

岩見広一（2006b）．行動科学的プロファイリング―我が国の現状と今後の課題― 犯罪心理学研究, **44**（特別号），229-231.

岩見広一（2009）．連続性犯の犯行地分布に基づく犯行予測の可能性　犯罪心理学研究, **47**（特別号）, 80-81.

岩見広一（2016）．犯罪者プロファイリング　日本犯罪心理学会（編）　犯罪心理学事典（pp.254-255）　丸善出版

笠井達夫・桐生正幸・水田惠三（2012）．犯罪に挑む心理学 Ver.2―現場が語る最前線―　北大路書房

警察庁（2012）．取調べ（基礎編）平成 24 年 12 月
https://www.npa.go.jp/sousa/kikaku/20121213/shiryou.pdf（2018 年 11 月 1 日閲覧）

警察庁（2015）．警察白書（平成 28 年版）　日経印刷

桐生正幸（2000）．捜査心理学の新たな挑戦―犯罪者プロファイリング―　心理学ワールド, **9**, 19-22.

桐生正幸(2006)．犯罪者プロファイリングの日本の実際　渡邉和美・高村　茂・桐生正幸（編著）犯罪者プロファイリング入門―行動科学と情報分析からの多様なアプローチ―（pp.100-108）　北大路書房

桐生正幸（編）（2015）．基礎から学ぶ犯罪心理学研究法　福村出版

Loftus, E. F.（1974）. Reconstructive memory: The incredible eyewitness. *Psychology Today*, **8**, 116-119.

Loftus, E. F., & Palmer, J, J.（1974）. Reconstruction of automobiledestruction : An example of the interaction between language and memory. *Journal of Verbal learning and Verbal Behavior*, **13**, 585-589.

真鍋一史（2002）．ファセット：ファセット・デザイン，ファセット・アナリシス，ファセット・セオリー　木村通治・真鍋一史・安永幸子・横田賀英子（著）　ファセット理論と解析事例：行動科学における仮説検証・探索型分析手法（pp.1-12）　ナカニシヤ出版

増田明香・和智妙子（2018）．警察大学校における取調べ研修の効果―獲得情報量と発問技術について―　犯罪心理学研究, **56**（1）, 1-12.

三本照美・深田直樹（1999）．連続放火犯の居住地推定の試み―地理的重心モデルを用いた地理的プロファイリング―　科学警察研究所報告（防犯少年編）, **40**, 23-36.

仲真紀子（2011）．NICHD ガイドラインにもとづく司法面接研修の効果　子どもの虐待とネグレクト, **13**（3）, 316-325.

越智啓太（2008）．犯罪捜査の心理学―プロファイリングで犯人に迫る―　化学同人

越智啓太（2015）．犯罪捜査の心理学　凶悪犯の心理と行動に迫るプロファイリングの最先端　新曜社

Ressler, R. K., & Burgess, A. W.（1985）. Violent crime. *FBI Law Enforcement Bulletin*, **54**（8）, 18-25.

Ressler, R. K., & Shachtman, T.（1992）. *Whoever fights monsters*. New York: St. Martin's Press. （相原真理子（訳）（1994）．FBI 心理分析官―異常殺人者たちの素顔に迫る衝撃の手記―　早川書房）

Rossmo, D. K.（2000）. *Geographic profiling*. Boca Raton: CRC Press. （渡辺昭一（監訳）（2002）．地理的プロファイリング　北大路書房）

髙橋美保・山口陽弘（2006）．増補改訂 試験にでる心理学――一般心理学編―　北大路書房

高村　茂（2006）．関連学会の動向　渡邉和美・高村　茂・桐生正幸（編著）犯罪者プロファイリング入門―行動科学と情報分析からの多様なアプローチ―（pp.157-168）　北大路書房

高村　茂（2013）．認知面接手法と警察に応用される心理学研究に関する警察官の意識調査　応用心理学研究, **38**（3）, 280-288.

田村雅幸（1983a）．最近の殺人事件の実態とその類型　科学警察研究所報告（防犯少年編）, **24**, 78-90.

田村雅幸(1983b)．最近の 30 年間における殺人形態の変化　科学警察研究所報告(防犯少年編), **24**, 149-161.

田村雅幸（1992）．幼少児誘拐・わいせつ事件の犯人の特性の分析　科学警察研究所報告（防犯少年編）, **33**, 30-41.

田村雅幸（1996）．犯人像推定研究の 2 つのアプローチ　科学警察研究所報告（防犯少年編），

37, 114-112.

田崎仁一 (2013). 心理学的知見に基づく取調べ技術　警察学論集，**66** (4), 37-59.

和智妙子 (2011). 被疑者が知的障害者である場合の取調べ　捜査研究，**723** (8), 2-16.

和智妙子 (2016). 聴き出す技術―「取調べ（基礎編）」のポイントと発展―　現代警察，**149**, 16-23.

渡邉和美・高村　茂・桐生正幸（編著）(2006). 犯罪者プロファイリング入門―行動科学と情報分析からの多様なアプローチ―　北大路書房

渡邉和美・田村雅幸 (1999a). バラバラ殺人事件の犯人像分析　科学警察研究所報告（防犯少年編），**39**, 83-101.

渡邉和美・田村雅幸 (1999b). 13歳未満の少女を対象とした強姦事件の犯人像分析　加害者の特徴と犯歴に関する分析　科学警察研究所報告（防犯少年編），**40**, 67-81.

渡辺昭一（編）(2004). 捜査心理学　北大路書房

渡辺昭一（編）(2005). 捜査心理ファイル―犯罪捜査と心理学のかけ橋―　東京法令出版

渡辺昭一 (2005). 犯罪者プロファイリング―犯罪を科学する警察の情報分析技術―　角川書店

Woodhams, J., Hollin, C. R., & Bull, R. (2007). The psychology of linking crimes: A review of the evidence. *Legal and Criminological Psychology*, **12** (2), 233-249.

山岡一信 (1962). 犯罪行動の形態（Ⅰ）―殺人（1）　科学警察研究所報告（法科学編）　**15**, 462-468.

山岡一信 (1963a). 犯罪行動の形態（Ⅰ）―殺人（2）　科学警察研究所報告（法科学編）　**16**, 97-105.

山岡一信 (1963b). 犯罪行動の形態（Ⅰ）―殺人（3）　科学警察研究所報告（法科学編）　**16**, 348-354.

山岡一信 (1964a). 犯罪行動の形態（Ⅰ）―殺人（4）　科学警察研究所報告（法科学編）　**17**, 126-133.

山岡一信 (1964b). 犯罪行動の形態（Ⅱ）―強盗　科学警察研究所報告（法科学編）　**17**, 190-201.

山岡一信 (1964c). 犯罪行動の形態（Ⅲ）―傷害（1）　科学警察研究所報告（法科学編）　**17**, 294-304.

山岡一信 (1964d). 犯罪行動の形態（Ⅲ）―傷害（2）　科学警察研究所報告（法科学編）　**17**, 417-422.

山岡一信 (1965a). 犯罪行動の形態 4―性犯罪（1）　科学警察研究所報告（法科学編）　**18**, 281-287.

山岡一信 (1965b). 犯罪行動の形態 4―性犯罪（2）　科学警察研究所報告（法科学編）　**19**, 167-172.

山岡一信 (1965c). 犯罪行動の形態 4―性犯罪（3）　科学警察研究所報告（法科学編）　**19**, 202-208.

横井幸久 (2016). 犯罪者の居住地推定と次回犯行地の予測　日本犯罪心理学会（編）　犯罪心理学事典（pp.228-229）　丸善出版

横田賀英子 (2005). 類似事件発生時における同一犯推定　渡辺昭一（編）　捜査心理ファイル―犯罪捜査と心理学のかけ橋―（pp.226-235）　東京法令出版

横田賀英子 (2016). 同一犯による事件の推定　日本犯罪心理学会（編）　犯罪心理学事典（pp.224-225）　丸善出版

▶現場の声 3

平　伸二 (2011). ポリラグラフ検査　越智啓太・藤田政博・渡邉和美（編）　法と心理学の事典―犯罪・裁判・矯正―（pp.320-323）　北大路書房

小林孝寛・吉本かおり・藤原修治 (2009). 実務ポリグラフ検査の現状　生理心理学と精神生理学，**27**, 5-15.

松田いづみ (2016a). 隠すことの心理生理学―隠匿情報検査からわかったこと―　心理学評論，**59**, 162-181.

松田いづみ (2016b). ポリグラフ検査の生理指標　日本犯罪心理学会（編）　犯罪心理学事典

(pp.248-249)　丸善出版

Matsuda, I., Nittono, H., & Ogawa, T.（2013）. Identifying concealment-related responses in the concealed information test. *Psychophysiology*, **50**, 617-626.

小川時洋・松田いづみ・常岡充子（2013）．　隠匿情報検査の妥当性―記憶検出法としての正確性の実験的検証―　法科学技術学会誌, **18**, 35-44.

小川時洋・松田いづみ・常岡充子（2014）．　隠匿情報検査の生理反応―フィールドデータの分析―　日本心理学会第78回大会発表論文集, 537.

Osugi, A.（2011）. Daily application of the Concealed Information test: Japan. In B. Verschuere, G. Ben-Shakhar, & E. Meijer (Eds.), *Memory detection: Theory and application of the Concealed Information Test*（pp.253-275）. New York: Cambridge University Press.

内田　曉（2016）．　刑事事実認定重要事例研究ノート　第20回裁判例から見たポリグラフ検査　警察学論集, **69**, 164-179.

財津　亘（2014）．　ポリグラフ検査に対する正しい理解の促進に向けて　立命館文學, **636**, 1155-1144.

● 第3章

Allen, M., Mabry, E., & McKelton, D.（1998）. Impact of juror attitudes about the death penalty on juror evaluations of guilt and punishment. *Law and Human Behavior*, **22**, 715-731.

Darley, J. M., Carlsmith, K. M., & Robinson, P. H.（2000）. Incapacitation and just deserts as motives for punishment. *Law and human Behavior*, **24**, 659-683.

Davis, J. H., Kerr, N. L., Atkins, R. S., Holt, R., & Meek, D.（1975）. The decision process of 6- and 12-person mock juries assigned unanimous and two-thirds majority rules. *Journal of personality and Social Psychology*, **32**, 1-14.

Englich, B., & Mussweiler, T.（2001）. Sentencing under uncertainty: Anchoring effects in the courtroom. *Journal of Applied Social Psychology*, **31**, 1535-1551.

本間道子・斉藤真美・舘　瑞恵（2008）．　集団意思決定における専門性とアンカー効果：新裁判員制度における評決の量刑判断に関して　日本女子大学紀要, **19**, 55-68.

法務省（n.d.）. 少年鑑別所
　http://www.moj.go.jp/kyousei1/kyousei_kyouse06.html.（2016年9月20日閲覧）

猪八重涼子・深田博己・樋口匡貴・井邑智哉（2009）.　被告人の身体的魅力が裁判員の判断に及ぼす影響　広島大学心理学研究, **9**, 247-263.

板山　昂（2014a）．　裁判員裁判における量刑判断に関する心理学研究―量刑の決定者と評価者の視点からの総合的考察―　風間書房

板山　昂（2014b）．　集団での量刑判断における多数派の影響　人間文化, **33**, 9-17.

板山　昂（2016）．　厳罰志向性と賠償の有無および加害者に対する怒りの感情が量刑判断に及ぼす影響の検討　人間文化, **39**, 33-40.

板山　昂・上原依子・川嶋伸佳・佐伯昌彦・滑田明暢・若林宏輔・綿村英一郎（2014）．　決定者と評価者の立場の違いが量刑判断に与える影響　法と心理学会第15回大会予稿集, 12.

風間文明（1998）．　社会的地位と逸脱行動に対する制裁との関係（1）勢力動機との関係　日本社会心理学会第39回大会発表論文集, 236-237.

Mitchell, T. L., Haw, R. M., Pfeifer, J. E., & Meissner, C. A.（2005）. Racial bias in mock juror decision-making: a meta-analytic review of defendant treatment. *Law and Human Behavior*, **29**, 621-637.

Monahan, K. C., Steinberg, L., Cauffman, E., & Mulvey, E.（2013）. Psychological (im) maturity from adolescence to early adulthood: Distinguishing between adolescence-limited and persisting antisocial behavior. *Development and Psychopathology*, **24**（4）, 1093-1105.

村瀬嘉代子・下山晴彦・熊野宏昭・伊藤直文（編）（2015）．　特集：シリーズ・今これからの心理職④　これだけは知っておきたい司法・矯正領域で働く心理職のスタンダード　臨床心理学, **15**（4）

村山　綾・三浦麻子（2015a）．　裁判員は何を参照し，何によって満足するのか：専門家 - 非専門家による評議コミュニケーション　法と心理, **15**, 90-99.

村山　綾・三浦麻子（2015b）．　被害者非難と加害者の非人間化―2種類の公正世界信念との関

連― 心理学研究, **86**, 1-9.
中田友貴・サトウタツヤ（2014）． 被告人の国籍が裁判員の量刑判断に与える影響／事件の種類の観点から　立命館人間科学研究, **46**（30）, 45-63.
小俣謙二（2013）． 性犯罪被害者に対する第三者の非難と心理的被害の過小評価に影響を及ぼす要因：被害者の社会的尊敬度と暴力性に対する女性の願望に関する誤解　社会心理学研究, **29**, 1-10.
大江由香（2011）． 少年鑑別所被収容少年の自他に対する意識の変化－自記式調査を用いた探索的研究―　犯罪心理学研究, **49**（1）, 39-49.
太田信夫（監修）高橋美保・下山晴彦（編）（2017）． シリーズ心理学と仕事8　臨床心理学　北大路書房
大坪庸介・藤田政博（2001）． 集団過程としての陪審裁判　心理学評論, **44**（4）, 384-397.
裁判所　家庭裁判所調査官
　　http://www.courts.go.jp/saiban/zinbutu/tyosakan/index.html（2019年1月25日閲覧）
Salerno, J. M., & Bottoms, B. L.（2009）．Emotional evidence and jurors' judgments: The promise of neuroscience for informing psychology and law. *Behavioral Sciences and the Law*, **27**（2）, 273-296.
Sigall, H., & Ostrove, N.（1975）．Beautiful but dangerous: Effects of offender attractiveness and nature of the crime on juridic judgment. *Journal of Personality and Social Psychology*, **31**（3）, 410-414.
白井美穂・黒沢　香（2009）． 量刑判断の要因についての実験的検討：前科情報の種類による効果　法と心理, **8**（1）, 114-127.
白岩祐子・唐沢かおり（2013）． 被害者参加人の発言および被害者参加制度への態度が量刑判断に与える影響　実験社会心理学研究, **53**（1）, 12-21.
白岩祐子・唐沢かおり（2015）． 量刑判断に対する増進・抑制効果の検討―被害者への同情と裁判に対する規範的なイメージに着目して―　感情心理学研究, **22**（3）, 110-117.
Staley, C.（2007）．*Facial attractiveness and the sentencing of male defendants*. ProQuest.
髙橋由伸（2003）． 非行少年へのまなざし―少年鑑別所の現場から―　朱鷺書房
Tsoudis, O., & Smith-Lovin, L.（1998）．How Bad Was It? The Effects of Victim and Perpetrator Emotion on Responses to Criminal Court Vignettes. *Social Forces*, **77**（2）, 695-722.
綿村英一郎（2011）． 犯罪事実とは無関係な情報が一般市民の量刑判断に及ぼす影響　応用心理学研究, **38**（2）, 145-146.
綿村英一郎（2013）． 量刑と賠償額の判断　藤田政博（編）　法と心理（pp.140-147）　法律文化社
綿村英一郎・分部利紘・佐伯昌彦（2014）． 量刑分布グラフによるアンカリング効果についての実験的検証　社会心理学研究, 30（1）, 11-20.
綿村英一郎・分部利紘・髙野陽太郎（2010）． 一般市民の量刑判断―応報のため？　それとも再犯抑止やみせしめのため？―　法と心理, **9**, 98-108.
山岡重行・風間文明（2004）． 被害者の否定的要素と量刑判断　法と心理, **3**（1）, 98-110.
吉村雅世・森　伸子（2013）． 少年矯正の現場から　伊藤冨士江（編）　司法福祉入門　上智大学出版

▶ 現場の声 4
厚生労働委員会調査室（2007）． 医療観察制度の現状と課題―司法精神医療の在り方―　立法と調査, 2, No.264.
　　http://www.sangiin.go.jp/japanese/annai/chousa/rippou_chousa/backnumber/2007pdf/20070202093.pdf（2018年11月2日閲覧）
中谷陽二（2007）． 法と精神医学　精神神経学雑誌, **109**（9）, 887-896.
分島　徹（2014）． 医療観察以前の司法精神医学―松沢病院における実践　司法精神医学, **9**（1）, 37-42.

▶ 現場の声 5
千葉県総合企画部男女共同参画課（2009）． 千葉県におけるDV加害者教育プログラムの取組

報告書
警察庁（2018）．　平成29年におけるストーカー事案及び配偶者からの暴力事案等への対応状況について
http://www.npa.go.jp/safetylife/seianki/stalker/H29STDV_taioujoukyou_shousai.pdf（2018年12月10日閲覧）
内閣府（2016）．「配偶者等に対する暴力の加害者更生に係る実態調査研究事業」報告書
http://www.gender.go.jp/policy/no_violence/e-vaw/chousa/pdf/h27_report.pdf（2018年10月31日閲覧）
Pence, E., & Paymar, M.（1993）．*Education groups for men who batter : The duluth model*. New York: Springer Publishing Company.（波田あい子(監訳)(2004)．　暴力男性の教育プログラム：ドゥルース・モデル　誠信書房）

● 第4章
Andrews, D. A., & Bonta, J.（1998）．*The psychology of criminal conduct*（2nd ed.）．Cincinnati, OH: Anderson Publishing.
Andrews, D. A., & Bonta, J.（2010）．*The psychology of criminal conduct*（5th ed.）．Cincinnati, OH: Anderson Publishing.
Beck, A. T.（1963）．Thinking and depression: I. Idiosyncratic content and cognitive distortions. *Archives of General Psychiatry*, **9**, 324-333.
Bonta, J, A., & Andrews, D. A.（2017）．*The psychology of criminal conduct*（6th ed.）．New York: Routledge.（原田隆之（訳）(2018)．　犯罪行動の心理学（原著第6版）　北大路書房）
藤岡淳子（2007）．　非行・犯罪の心理学　有斐閣
原田隆之（2010）．　薬物依存症治療に対する新しい方略：Matrixモデルの理論と実際　日本アルコール・薬物医学会雑誌, **45**（6），557-568.
原田隆之（2012）．　覚せい剤受刑者に対する「日本版Matrixプログラム（J-MAT）」のランダム化比較試験　日本アルコール・薬物医学会雑誌, **47**（6），298-307.
Laws, D. R., & Ward, T.（2010）．*Desistance from sex offending: Alternatives to throwing away the keys*. New York: Guilford Press.（津富　宏・山本麻奈（監訳）(2014)．　性犯罪からの離脱　日本評論社）
Lipsey, M. W., Landenberger, N. A., & Wilson, S. J.（2007）．Effects of cognitive-behavioral programs for criminal offenders. *Campbell Systematic Reviews*. DOI: 10.4073/csr.2007.6
村瀬嘉代子・下山晴彦・熊野宏昭・伊藤直文（編）(2015)．　特集：シリーズ・今これからの心理職④　これだけは知っておきたい司法・矯正領域で働く心理職のスタンダード　臨床心理学, **15**（4）
Skinner, B, F.（1938）．*The behavior of organisms: An experimental analysis*. New York: D. Appleton-Century Company.
Ward, T., & Stewart, C. A.（2003）．The treatment of sex offenders: Risk management and good lives. *Professional Psychology: Research and Practice*, **34**, 353-360.
Watson, J. B & Rayner, R.（1920）．Conditioned emotional reactions. *Journal of Experimental Psychology*, **3**（1），1-14.

▶ 現場の声7
法務省法務総合研究所（編）(2015)．　犯罪白書（平成27年版）　日経印刷

● 第5章
荒井崇史・藤　桂・吉田富二雄（2010）．　犯罪情報が幼児を持つ母親の犯罪不安に及ぼす影響　心理学研究, **81**, 397-405.
羽生和紀（2011）．　合理的選択理論　越智啓太・藤田政博・渡邉和美（編）　法と心理学の事典―犯罪・裁判・矯正―（pp.170-171）　北大路書房
池間愛梨・入山　茂・桐生正幸（2015）．　大阪府における子どもに対する声かけを伴う事案の類型化　日本社会心理学会第56回大会発表論文集, 421.

Jeffery, C. R. (1971). *Crime prevention through environmental design.* Beverly Hills, CA: Sage.
警察庁 (2016). 警察白書 (平成28年版) 日経印刷
警視庁 (2017a). 犯罪情報マップ
　　http://www2.wagmap.jp/jouhomap/Portal (2017年3月25日閲覧)
警視庁 (2017b). 警視庁管内不審者情報
　　http://www.keishicho.metro.tokyo.jp/kurashi/higai/kodomo/fushin/index.html (2017年3月25日閲覧)
菊池城治・雨宮　護・島田貴仁・齊藤知範・原田　豊 (2009). 声かけなどの不審者遭遇情報と性犯罪の時空間的近接性の分析　犯罪社会学研究, **34**, 151-163.
桐生正幸 (2011). 日本における防犯活動の動向　越智啓太・藤田政博・渡邉和美 (編) 法と心理学の事典―犯罪・裁判・矯正― (pp.426-429) 北大路書房
桐生正幸 (2015). 地域防犯活動における高齢者ボランティアの意識調査　東洋大学21世紀ヒューマン・インタラクション・リサーチ・センター, **12**, 13-20.
小出　治 (2003). 防犯環境設計の発展の系譜　小出　治 (監修) 都市の防犯―工学・心理学からのアプローチ (pp.141-148) 北大路書房
Newman, O. (1973). *Defensible space: Crime prevention through urban design.* New York: Macmillan.
越智啓太 (2007). 子供に対する性犯罪に関する研究の現状と展開 (2) ―防犯と矯正の問題―　法政大学文学部紀要, **55**, 87-99.
島田貴仁 (2008). 犯罪に対する不安感等に関する調査研究 (1) ―調査の概要と犯罪被害実態と犯罪不安感―　季刊社会安全, **70**, 8-16.
島田貴仁・鈴木　護・原田　豊 (2004). 犯罪不安と被害リスク知覚：その構造と形成要因　犯罪社会学研究, **29**, 51-64.
田村雅幸 (1992). 幼少児誘拐・わいせつ事件の犯人の特性分析　科学警察研究所報告 (防犯少年編), **33**, 30-41.
渡邉和美 (2006). 子どもの犯罪被害の実態と防犯対策　岡本拡子・桐生正幸 (編) 幼い子どもを犯罪から守る (pp.114-145) 北大路書房

● 第6章

Abbey, A., Zawacki, T., Buck, P. O., Clinton, A. M., & McAuslan, P. (2001). Alcohol and Sexual Assault. *Alcohol Research & Health,* **25** (1), 43-51.
American Psychiatric Association (2013). *Diagnostic and statistical manual of mental disorders* (5th ed.). Washington, D.C.: American Psychiatric Association. (高橋三郎・大野　裕 (監訳) (2014). DSM-5　精神疾患の分類と診断の手引き　医学書院)
Byrd, A. L., & Manuck, S. B. (2014). MAOA, childhood maltreatment, and antisocial behavior: meta-analysis of a gene-environment interaction. *Biological Psychiatry,* **75**, 9-17.
Canter, D. (1994). *Criminal shadows: Inside the mind of the serial killer.* London: Harper Collins Publishers. (吉田利子 (訳) (1996). 心理捜査官ロンドン殺人ファイル　草思社)
Caspi, A., McClay, J., Moffitt, TE., Mill, J., Martin, J., Craig, I. W., Taylor, A., & Poulton, R. (2002). Role of genotype in the cycle of violence in maltreated children. *Science,* **297**, 851-854.
Cialdini, R. B. (2001). *Influence: Science and practice* (4th ed.). Needham Heights, MA: Allyn &Bacon. (社会行動研究会 (訳) (2007). 影響力の武器―なぜ, 人は動かされるのか― (第2版) 誠信書房)
Dussich, P.J., & Shinohara, S. (2001). Non-Reporting of Sexual Assault in Japan. *Acta Crim, Japon,* **67** (1), 21-33.
FBI (2015). Crime in the U. S. 2014.
　　https://ucr.fbi.gov/crime-in-the-u.s/2014/crime-in-the-u.s.-2014 (2018年10月31日閲覧)
Haginoya, S. (2014). Offender demographics and geographical characteristics by offender means of transportation in serial residential burglaries. *Psychology, Crime & Law,* **20**, 515-534.
萩野谷俊平 (2017). 窃盗　越智啓太・桐生正幸 (編著) テキスト司法犯罪・心理学 (pp.200-214) 北大路書房

法務省法務総合研究所（編）（2016）．犯罪白書（平成 27 年版）　日経印刷
法務省法務総合研究所（編）（2017）．犯罪白書（平成 29 年版）　昭和情報プロセス
板谷利加子（1998）．御直披（おんちょくひ）　角川書店
警察庁（2016）．平成 26 年の犯罪
　　https://www.npa.go.jp/toukei/soubunkan/h26/h26hanzaitoukei.htm（2018 年 11 月 5 日閲覧）
警察庁組織犯罪対策部組織犯罪対策企画課（2018）．平成 29 年度における組織犯罪の情勢【確定値版】（平成 30 年 4 月）
　　https://www.npa.go.jp/sosikihanzai/kikakubunseki/sotaikikaku03/h29.sotaijousei.pdf（2018 年 7 月 14 日閲覧）
警察庁捜査第二課・生活安全企画課（2018）．平成 29 年の特殊詐欺認知・検挙状況等について
　　https://www.npa.go.jp/bureau/criminal/souni/tokusyusagi/hurikomesagi_toukei2017.pdf（2018 年 2 月 14 日閲覧）
木村隆夫（2014）．秋葉原無差別殺傷事件，加害者 K の育ちと犯罪過程の考察　日本福祉大学子ども発達学論集 , **6**, 65-85.
国家公安委員会・警察庁（2017）．警察白書（平成 29 年版）　日経印刷
Malamuth, N. M., Linz, D., Heavey, C. L., Barnes, G., & Acker, M.（1995）. Using the confluence model of sexual aggression to predict men's conflict with women: a 10-year follow-up study. *Journal of Personality and Social Psychology*, **69**（2）, 353-369.
Merry, S., & Harsent, L.（2000）. Intruders, pilferers, raiders, invaders: the interpersonal dimension of burglary. In D. Canter & L. Alison（Eds.）, *Profiling property crimes*. Dartmouth: Ashgate.
永房典之・菅原健介・佐々木淳・藤澤　文・薊理津子（2012）．厚生施設入所児の公衆場面における行動基準に関する研究　心理学研究 , **83**, 470-478.
永房典之（2008）．なぜ人は他者が気になるのか？―人間関係の心理―　金子書房
西田公昭（2009）．だましの手口―知らないと損する心の法則―　PHP 研究所
越智啓太（2014）．ケースで学ぶ犯罪心理学　北大路書房
大渕憲一（2013）．殺人　谷口泰富・藤田主一・桐生正幸（編）　クローズアップ犯罪　福村出版
大渕憲一・石毛　博・山入端津由・井上和子（1985）．レイプ神話と性犯罪　犯罪心理学研究 , **23**, 1-12.
大久保智生（2016）．万引き　日本犯罪心理学会（編）　犯罪心理学事典（pp.188-189）　丸善出版
大久保智生・時岡晴美・岡田　涼（編）（2013）．万引き防止対策に関する調査と社会的実践―社会で取り組む万引き防止―　ナカニシヤ出版
大久保智生・吉井　匡・長尾貴志・相原幸太・川田佳亮・高橋　護・松嶋秀明・佐藤健二・石川隆行・澤田匡人・永房典之・堀　健二・菊池浩史（2018a）．少年院在院者と一般の青少年における万引きをはじめとした窃盗に関する要因の検討―少年の窃盗に関する新たな体系的な教育プログラムの開発に向けて―　矯正教育研究 , **63**, 143-150.
大久保智生・吉井　匡・高橋　護・川田佳亮・相原幸太・長尾貴志・澤田匡人・永房典之・石川隆行・佐藤健二・松嶋秀明・菊池浩史・堀　健二・相本栞樹・田中　拓・松井　創（2018b）．少年院在院者の万引きをはじめとした窃盗に関する意識の検討―矯正教育プログラム開発のための意識調査から―　香川大学教育学部研究報告第Ⅰ部 , **149**, 15-26.
Ryan, W.（1976）. *Blaming the victim*（Rev. ed.）. New York: Vintage Books.
坂口菊恵（2010）．性犯罪にかかわる要因　生物学的要因　田口真二・平　伸二・池田　稔・桐生正幸（編）　性犯罪の行動科学―発生と再発の防止に向けた学際的アプローチ―（pp.21-41）　北大路書房
田口真二（2010）．性犯罪にかかわる要因　状況要因・環境要因　田口真二・平　伸二・池田　稔・桐生正幸（編）　性犯罪の行動科学―発生と再発の防止に向けた学際的アプローチ―（pp.58-72）　北大路書房
田口真二（2013）．性的盗撮の心理―抑止に向けた犯罪心理学的アプローチ―　警察学論集 , **66**（6）, 71-86.
田口真二（2015）．女児に対する性的興味を容認する態度と性的加害経験，個人要因および児童ポルノ使用経験との関連　日本法科学技術学会誌 , **20**, 175-183.
田口真二・荘島宏二郎（2010）．性犯罪にかかわる要因　個人要因　田口真二・平　伸二・池

田　稔・桐生正幸（編）　性犯罪の行動科学―発生と再発の防止に向けた学際的アプローチ―（pp.41-58）　北大路書房
東京都青少年・治安対策本部（2017）．　高齢者による万引きに関する報告書―高齢者の万引きの実態と要因を探る―（平成 29 年 3 月）
　http://www.metro.tokyo.jp/tosei/hodohappyo/press/2017/03/23/documents/20_01.pdf（2018 年 7 月 14 日閲覧）
内山絢子・及川里子・加門博子（1998）．　高校生・大学生の性被害に対する社会的態度　科学警察研究所報告防犯少年編, **39**（1），44-51.
United Nations Office on Drugs and Crime（2013）．*Global study on homicide 2013.* United nation publication.
Ward, T., Polaschek, D. L. L., & Beech, A. R.（2006）．Malamuth's Confluence Model of Sexual Aggression. *Theories of Sex Offending.* London: Wiley.
山口雅敏（2016）．　財産犯罪者の査定　日本犯罪心理学会（編）　犯罪心理学事典（pp.286-287）　丸善出版
山岡一信（1966）．　犯罪行動の形態 4―性犯罪（2）　科学警察研究所報告（法科学編），**19**，167-172.
Yokota, K., & Canter, D.（2004）．Burglars's specialization: development of a thematic approach in investigative psychology. *Behaviormetrica*, **31**, 153-167.
財津　亘（2014）．　一般住宅対象の空き地・忍込み・居空きの特性とその移行性　犯罪心理学研究, **51**, 23-32.

▶ **現場の声 12**

Just, M. A., Pan., L., Cherkassky, V. L., McMakin, D. L., Cha, C., Nock, M. K., & Brent, D.（2017）．Machine learning of neural representations of suicide and emotion concepts identifies suicidal youth. *Nature Human Behavior*, **1**, 911-919.
加納寛子（2014）．　いじめサインの見抜き方　金剛出版
加納寛子（2017）．　AI 時代の情報教育　大学教育出版
清水建二（2017）．　AI 表情認識は, 売り上げに最も効果的な商品陳列さえも導き出す　ハーバービジネスオンライン
　https://hbol.jp/154393（2018 年 10 月 31 日閲覧）
山田　寛（1994）．　顔面表情認識の心理学モデル　計測と制御, **33**（12），1063-1069.

人名索引

● A
足立浩平　34
Allen, M.　54
雨宮　護　90
Andrews, D. A.　69, 74, 76
荒井崇史　92, 93

● B
Beck, A. T.　75, 76
Bilby, C.　2
Bond, T.　3
Bonta, J.　69, 74, 76
Bottoms, B. L.　54
Brantingham, P. J.　8
Brantingham, P. L.　8
Bull, R.　2
Burgess, A. W.　21, 22
Byrd, A. L.　107

● C
Canter, D.　19, 21-24, 106, 114
Caspi, A.　107
Cialdini, R. B.　124
Cooke, C.　2

● D
Darley, J. M.　51
Davis, J. H.　55

● E
Englich, B.　55

● F
Felson, M.　8
Fisher, R. P.　30
藤　桂　92
藤田政博　55
藤原修治　38
深田直樹　27
福島　章　7

● G
Geiselman, R. E.　30
Goring, C. B.　3
Grant, T.　2
Guttmann, L.　24

● H
萩野谷俊平　113, 114
羽生和紀　87
原田隆之　77
原田　豊　90, 92
Harsent, L.　114
Hatcher, R.　2
Heritage, R.　24
平　伸二　10, 34, 38
平山真理　5

Holmes, R. M.　21
Holmes, S. T.　21

● I
池間愛梨　90, 91
入山　茂　90
板谷利加子　108
板山　昂　54, 56
岩見広一　23, 25-27

● J
Jeffery, C.　86

● K
唐沢かおり　54
笠井達夫　5, 19
風間文明　52, 53
菊池城治　90
木村隆夫　107
桐生正幸　4, 10, 19, 26, 34, 87, 88, 90, 93
小林孝寛　38
小出　治　87

● L
Lipsey, M. W.　74
Loftus, E. F.　28
Lombroso, C.　3

● M
Malamuth, N. M.　108
真鍋一史　24
Manuck, S. B.　107
増田明香　33
松田いづみ　35, 36, 38
Matsuda, I.　37
Merry, S.　114
三本照美　27
三浦麻子　56
宮澤節生　5
水田恵三　19
Monahan, K. C.　40
森　伸子　39
村山　綾　56
Mussweiler, T.　55

● N
永房典之　116
仲真紀子　34
中山　誠　34
Newman, O.　85
西田公昭　122
Nittono, H.　37

● O
大渕憲一　105, 109
越智啓太　20-22, 25, 107

147

大江由香　46
小川時洋　35, 37, 38
岡田　涼　119
大久保智生　114-116, 119
小俣謙二　53
Ostrove, N.　53
Osugi, A.　35, 36
大坪庸介　55

●R
Rayner, R.　74
Ressler, R. K.　20-22
Rossmo, D. K.　8, 9, 25
Ryan, W.　111

●S
佐伯昌彦　55
齊藤知範　90
坂口菊恵　107
Salerno, J. M.　54
Shachtman, T.　20, 21
島田貴仁　90, 92
白岩祐子　54
荘島宏二郎　109
Sigall, H.　53
Skinner, B, F.　74
Smith-Lovin, L.　54
Staley, C.　53
Stewart, C. A.　70
鈴木　護　92

●T
田口真二　108-110
髙橋美保　27
髙村　茂　26, 31, 34

田村雅幸　26, 91, 92
田崎仁一　29, 32
時岡晴美　119
Tsoudis, O.　54
常岡充子　35, 38

●U
内田　曉　38
内山絢子　108

●W
和智妙子　32, 33
分部利紘　55
Ward, T.　70, 108
綿村英一郎　51-53, 55
渡邉和美　26, 34, 91, 92
渡辺昭一　27
Watson, J. B　74
Woodhams, J.　2, 24

●Y
山口陽弘　27
山口雅敏　113
山岡一信　26, 110
山岡重行　52, 53
横井幸久　23, 25
横田賀英子　22, 24, 114
吉田富二雄　92
吉益脩夫　7
吉本かおり　38
吉村雅世　39
Youngs, D.　19

●Z
財津　亘　35, 113

事項索引

●あ
アセスメント機関　47
アンカー　55
アンカリング効果　55
暗数　108
安全なまちづくり　87
安全マップ　89

●い
イノキュレーション　131
医療観察法　59
医療観察法鑑定　60
飲酒　110
隠匿情報検査　38
隠匿情報検査法　36

●う
WISC-IV　44
WAIS-III　44
ウェルビーイング　48
うっ積爆発反応　106
運転適性検査（CTR）　44

●え
ASD　108
エビデンス　73
FBI方式　20, 21
円仮説　25
怨恨　106

●お
応報　51, 52
オープン質問　33
オレオレ詐欺　121

●か
介護殺人　105
改善更生プログラム　78
改善指導　83
カウンセリング　66
加害者プログラム　61
科学警察研究所　26
下級裁判所　57
確証バイアス　122
家事事件　58
家族関係指導　68
家庭裁判所　58
家庭裁判所調査官　57
簡易裁判所　58
関係性　124
観護教官　46
鑑識係員　19
鑑定結果　35
鑑別　40, 41, 43

●き
記憶促進手法　32
危機介入計画　60
起訴前鑑定　60
求刑　55
急襲者　114
矯正教育計画　68
教養　30
緊張と緩和　82

●く
グッド・ライフ・モデル　70
グループワーク　66
クローズ質問　33

●け
KABC-II　44
警察　30
警察庁　20, 89, 106
警察白書　122
刑事施設　63
刑執行開始時調査　65
傾聴技術　32
刑法犯　117
刑務官　64
"ゲートウェイ"犯罪　115
原始反応犯罪　106
厳罰化　73

●こ
効果検証　67
効果検証班　47
公正世界仮説　111
更生プログラム　71
交通安全指導　66
行動基準　116
高等裁判所　58
行動の一貫性　24
行動療法　75, 76
公認心理師　11
公判　49
交友関係指導　68
合理的選択理論　86
合流モデル　108, 109
国連薬物犯罪事務所　104
こそ泥　114
個別方式の心理検査　44
コミュニケーション　123
混合型　22

●さ
罪刑法定主義　3, 19
最高裁判所　57
財産犯　112
最小空間分析　25
再生　37

149

在宅審判鑑別　43
再認　37
サイバー犯罪　131
再発防止モデル　70
裁判員裁判　56
裁判員制度　48
作業療法　66
サムソン症候群　106

●し
CGTモデル　9
識別性の理論　24
自供　29
試験観察　58
疾病学習　60
質問紙検査　44
指定鑑別　43
死の天使　107
司法・犯罪心理学　1, 2
司法・犯罪心理学の定義　2
司法面接　34
社会心理学　12
社会復帰　82
重回帰分析　25
重心仮説　25
集団方式の心理検査　44
収容審判鑑別　42
就労支援指導　66
状況的犯罪予防　86, 87
少年院　43
少年院法　67
少年鑑別所　40
少年刑務所　64
少年事件　58
少年非行　39
処遇鑑別　43
処遇関与　66
処遇調査　65
処遇調査票　66
触法精神障害者　59
親族間での殺人　105
身体接触・その他型　91
身体露出型　91
審判　58
心理アセスメント　65
心理技官　46
心理職　63, 64, 67
侵略者　114

●す
数量化Ⅲ類　25

●せ
精神医学　2
性犯罪　108
性犯罪再犯防止指導　66
性犯罪者処遇プログラム　4
性非行防止指導　68
窃盗　112
窃盗症　117

窃盗犯　113
説得　124
CPTED（防犯環境設計）　86
前兆事案　90

●そ
捜査員　19, 26
捜査技術　32
捜査心理学　19, 127
捜査面接　29, 32-34
捜査面接法　29
ソーシャル・サポート　119

●た
多重対応分析　25
魂の殺人　108

●ち
地域援助業務　47
地域防犯ボランティア　92, 93
秩序型　22
知的障害に対する面接　34
知能検査　44
地方裁判所　58
中和化　115
調停　58
地理的犯罪者探索モデル　25
地理的プロファイリング　23, 25

●つ
つきまとい型　91

●て
DV（ドメスティック・バイオレンス）　61
TAT　44
DSM-5　117
定期再調査　65
低犯罪国　104
デザイン　24

●と
投映法　44
同情　54
東大式エゴグラム　44
ドゥルース・モデル　61
特殊詐欺　120-122
都市における防犯基準策定のための調査　87
取調べ　29
「取調べ（基礎編）」　32, 34
トリートメント機関　47

●な
内省プログラム　60

●に
日本版マトリックス・プログラム（J-MAT）　77
日本方式　26
認知件数　112
認知行動療法　69, 70, 74, 76, 79

認知心理学　12, 27
認知面接　30, 31
認知療法　76

●は
陪審制度　48
バウム・テスト　44
発現メカニズム　1
ハロー効果　122
判決　49
犯行地点選択モデル（犯罪パターン理論）　8
犯行テーマ　22
犯行テーマ分析　24
犯罪　69
犯罪学　3
犯罪学理論　3
犯罪原因論　3
犯罪現象論　3
犯罪行動モデル　7
犯罪者プロファイリング　4, 16, 20, 125, 126
犯罪情報マップ　88
『犯罪心理学研究』　11
犯罪生活曲線　7
犯罪生物学的研究　107
犯罪認知件数　125
犯罪の類型化　7
『犯罪白書』　111
犯罪被害者　110, 111
犯罪予防　87
犯罪率　104
反社会的認知　76
判定会議　43
犯人　104

●ひ
PTSD　108
被害者の視点を取り入れた教育　66, 68
引きこもり殺人　105
被疑者　103
非行　69
被告人　104
描画法　44
評議　49
評決　49

●ふ
ファセット理論　23, 24
不正請求　98
フット・イン・ザ・ドア・テクニック　124
振り込め詐欺　121
不良行為　117
プロファイラー　26
分析　24
憤怒　106
分類制度　64

●へ
米国連邦捜査局（FBI）　20
ベイズ統計　25

●ほ
防犯研究　85
防犯パトロール　96
法務省　73
法務省式ケースアセスメントツール（MJCA）　44
暴力団離脱指導　66
暴力防止指導　68
保険金詐欺　98
ポリグラフ検査　4, 14, 16, 35
ポルノグラフィ　110

●ま
マス・オーディエンス　129
守りやすい空間　85
万引き　114, 116-118

●み
見立て　43

●む
無罪の推定　104
無秩序型　22

●め
面接　45

●も
目撃証言　27, 28

●や
薬物依存離脱指導　66
薬物非行防止指導　68

●ゆ
有罪知識検査法　36
誘導質問　32

●ら
ラポール　32
乱婚性　108
乱入者　114

●り
リヴァプール方式　20
リスク・ニード・反応性の原則　69
量刑　51-56
量刑判断　49-52, 54, 56
量刑分布グラフ　55
利欲　106
理論　24
リンク分析　24
臨時再調査　65

●る
類型論　21
累進制度　63

ルーティン・アクティビティ理論　8

●れ
レイプ神話　109

●ろ
ロード・レイジ　106
ロールシャッハ・テスト　44
ロジスティック回帰分析　25

■シリーズ監修者

太田信夫　（筑波大学名誉教授・東京福祉大学教授）

■執筆者一覧（執筆順）

桐生正幸	（編者）	はじめに，第1章，第2章1節，第3章，第5章
入山　茂	（東洋大学）	第2章1節
髙村　茂	（四国大学）	第2章2節
大江由香	（矯正研修所効果検証センター）	第3章1節
板山　昂	（関西国際大学）	第3章2節
今村有子	（さいたま少年鑑別所）	第4章1節
原田隆之	（筑波大学）	第4章2節
池間愛梨	（元東洋大学）	第5章
田口真二	（元熊本県警察本部）	第6章1節
永房典之	（淑徳大学短期大学部）	第6章2節

■現場の声　執筆者一覧（所属等は執筆当時のもの）

現場の声1, 2	桐生正幸	（東洋大学）
現場の声3	岩見広一	（北海道警察本部刑事部科学捜査研究所）
現場の声4	杉山詔二	（東京都病院経営本部 松沢病院）
現場の声5	山中多民子	（DV・虐待予防研究会）
現場の声6	竹中　功	（株式会社モダン・ボーイズ）
現場の声7	山本麻奈	（国連アジア極東犯罪防止研修所）
現場の声8	梶本修司	（尼崎市危機管理安全局危機管理安全部）
現場の声9	阿部光弘	（三井住友海上火災保険株式会社）
現場の声10	成田伸生	（元北海道警察本部刑事部刑事企画課）
現場の声11	S. K.	（テレビ局社会部記者）
現場の声12	加納寛子	（山形大学学術研究院）

【監修者紹介】

太田信夫（おおた・のぶお）

1971 年　名古屋大学大学院教育学研究科博士課程単位取得満了
現　在　筑波大学名誉教授，東京福祉大学教授，教育学博士（名古屋大学）
【主著】
　記憶の心理学と現代社会（編著）　有斐閣　2006 年
　記憶の心理学（編著）　ＮＨＫ出版　2008 年
　記憶の生涯発達心理学（編著）　北大路書房　2008 年
　認知心理学：知のメカニズムの探究（共著）　培風館　2011 年
　現代の認知心理学【全 7 巻】（編者代表）　北大路書房　2011 年
　Memory and Aging（共編著）Psychology Press　2012 年
　Dementia and Memory（共編著）Psychology Press　2014 年

【編者紹介】

桐生正幸（きりう・まさゆき）

1984 年　文教大学人間科学部人間科学科心理学専修退学
1997 年　学位授与機構より「学士（文学）」
2004 年　東亜大学大学院より「博士（学術）」を取得
現　在　東洋大学社会学部社会心理学科教授
【主著】
　ウソ発見（共編著）　北大路書房　2000 年
　幼い子どもを犯罪から守る（共編著）　北大路書房　2006 年
　嘘とだましの心理学（共著）　有斐閣　2006 年
　犯罪者プロファイリング入門（共編著）　北大路書房　2006 年
　性犯罪の行動科学（共編著）　北大路書房　2010 年
　犯罪者プロファイリングは犯人をどう追いつめるか　河出書房新社　2011 年
　テキスト 司法・犯罪心理学（共編著）　北大路書房　2017 年

シリーズ心理学と仕事 16　司法・犯罪心理学

| 2019 年 3 月 29 日　初版第 1 刷発行 | 定価はカバーに表示 |
| 2024 年 3 月 20 日　初版第 3 刷発行 | してあります。 |

監 修 者　　太田信夫

編　　者　　桐生正幸

発 行 所　　（株）北大路書房

〒 603-8303　京都市北区紫野十二坊町 12-8
電　話　(075) 431-0361　(代)
FAX (075) 431-9393
振　替　01050-4-2083

ⓒ2019

イラスト／田中へこ
印刷・製本／創栄図書印刷（株）
検印省略　落丁・乱丁本はお取り替えいたします。
ISBN978-4-7628-3061-7　Printed in Japan

・ JCOPY 〈(社)出版者著作権管理機構 委託出版物〉
本書の無断複写は著作権法上での例外を除き禁じられています。
複写される場合は，そのつど事前に，(社)出版者著作権管理機構
（電話 03-5244-5088, FAX 03-5244-5089, e-mail: info@jcopy.or.jp)
の許諾を得てください。